Was ist, ist nicht alles

Gert Otto

Was ist, ist nicht alles

In Träumen die Welt aneignen

Matthias-Grünewald-Verlag · Mainz

Der Matthias-Grünewald-Verlag ist Mitglied
der Verlagsgruppe engagement

Ein Titeldatensatz für diese Publikation ist bei
Der Deutschen Bibliothek erhältlich

Umschlag: Harun Kloppe, Mainz
DTP: Jörg Eckart · DTP Studio Mainz
Druck und Bindung: Pustet, Regensburg

ISBN 3-7867-2331-1

Inhalt

Gebet: Sprache als Hoffnung

Wir sind gewohnt, Sprache als Instrumentarium alltäglicher Verständigung, als System von Signalen zu begreifen. Aber es bedarf keiner weitreichenden philosophischen Spekulationen, um zu bemerken, dass dies ein verflachtes Sprachverständnis ist. Es ist nicht einfach falsch, aber es erfasst nur eine Dimension, nur eine Funktion der komplexen Artikulationsfähigkeit des Menschen, die wir Sprache nennen.
Das kann man sich leicht an der Bedeutung der Sprache für das Leben eines neugeborenen Kindes klar machen. Hier wird erkennbar, dass der Mensch, indem ihm die Sprache gleichsam „aufgeht", Teilhaber des Lebens und der Welt wird. Schon vor Jahren hat der Erziehungswissenschaftler Klaus Schaller treffend formuliert: „Der Mensch tritt nicht durch die Geburt in das Menschenleben ein, sondern durch das erste Wort, das an ihn gerichtet wird." Und weiter: „In der Sprache wird die eigentümliche, menschliche Art des In-der-Welt-Seins gestiftet. In der Sprache geht dem Menschen – anders als jedem anderen Lebewesen – die Welt auf." So erst wird also das Lebewesen *als Mensch* der Welt und dem Leben geboren.
Es hängt viel davon ab, dass wir in diesem Vorgang die Sprache gerade nicht nur als Instrument zur Benennung von Gegenständen ansehen – Schrank, Ball oder Tisch, die auch schon da sind, ehe das Wort sie benennt. Natürlich brauchen wir die Sprache auch dazu, aber ihre Bedeutung reicht weit darüber hin-

aus. Die lebensentscheidenden, Menschsein ermöglichenden Dimensionen der Sprache sind mit der bloßen Benennungsfunktion nicht erfasst.
Das wird deutlich, wenn wir den Blick über die Welt der Gegenstände hinaus ausweiten. Damit entfernen wir uns nicht von der alltäglichen Realität, sondern wir werden gewahr, dass für jeden Menschen, sei er Materialist oder Idealist, gehöre er einer Religion an oder nicht, zum Leben gehört:

- die Sehnsucht nach Glück, die noch nicht eingelöst ist;
- die Klage über Schmerz und Leiden, deren Überwindung erhofft wird;
- die Hoffnung auf ein Leben, in dem, was heute noch nicht ist, morgen sein könnte.

Alles zusammengenommen: Die nackten Tatsachen, das Benennbare unseres Lebens ist eingebettet in Sehnsucht oder Klage, in Wünsche oder Hoffnungen. Darin ist der Mensch er selbst, dass er über die Mauer des Gegebenen hinaus, durch sie hindurch fragen, suchen und hoffen kann.
Wie anders aber soll dies geschehen, wenn nicht in der Sprache? Indem wir sie artikulieren, aussprechen – das heißt: aus uns heraus sprechen! –, hörbar für andere werden lassen, erfahren wir letztlich auch selber unsere Hoffnungen erst voll und ganz. Das ist ein eigentümlicher Vorgang: Unser Eigenstes, unser Innerstes, aber auch das, was uns am meisten in Bewegung zu bringen vermag, unsere Hoffnungen und Sehnsüchte werden uns selbst erst ganz gewiss, wenn wir sie offenbar machen. Also bedürfen wir der Sprache. Wer niemanden hat, zu dem oder mit dem er sprechen kann, muss verdorren. Darum rede ich

von Sprache als Hoffnung. Sprache ist der Leib der Hoffnung. Sprachlose Hoffnung ist keine Hoffnung. Nun gibt es eine Sprachform, an der man dies alles besonders gut studieren kann. Das ist, im Grenzbereich von Theologie und Literatur, das Gebet. Es liegt im Grenzbereich, weil der Übergang von Gebet und Gedicht in vielen Fällen fließend ist und weil eine Vielzahl von Beispielen zeigt, wie ergiebig literarische Aussagen für das Verständnis des Gebets sein können. Um das zu erfassen, muss man freilich alle infantilen Gebetsvorstellungen und auch viele traditionelle kirchliche Gebetstexte weit hinter sich lassen.

> „Was vermag das Gebet? Es hat nicht vor dem Menschenofen bewahrt; es hat nicht die Freiheit gebracht; Völker nicht erlöst. Aber es hat Gefangene Jahr um Jahr erquickt, ist der Sinn ihres weltverlorenen Lebens gewesen, ihr Dasein in unzerreißbarem Zusammenhang mit Gott, den Lebenden und Toten; es hat Märtyrer umschwebt auf ihrem letzten Gang. Aber Mütter, Bräute, Väter, Freunde haben es in die Nacht geschickt und keine Antwort vernommen."

Was vermag das Gebet? So fragt *Reinhold Schneider*, der bedeutende katholische Schriftsteller, im Jahre 1957, noch im Schatten von Nazizeit und Krieg im Nachwort zu seiner Auslegung des Vaterunsers. Man kann Reinhold Schneiders Gedanken aufschlüsseln und in Alltagsfragen umsetzen, die vielen von uns vertraut sind:

- Hat denn Beten Sinn?
- Wie macht man das eigentlich: beten? Als Zeitgenossen?
- Geschieht es nur in Kirchen oder auch außerhalb der Kirche?
- Beten nur die Frommen, oder beten die andern auch, nur anders? Aber wie?
- Also: Was ist das – ein Gebet? Und ist es an die Sprache der Religion gebunden?
- Schließlich: Ist es nicht wichtiger, Notleidenden tatkräftig zu helfen, anstatt für sie zu beten?

Jeder könnte vermutlich diese Fragenreihe fortsetzen. Wer das Gewirr der Fragen durchstoßen will, mag von folgendem Satz ausgehen: *Beten heißt: die Welt und das Leben aussprechen.*
Das landläufige Gebetsverständnis ist, wenn auch auf andere Weise, ebenso eindimensional wie das landläufige Sprachverständnis. Es entfaltet sich vorrangig im Gegenüber von: Bitte des Menschen – Erhörung und Erfüllung durch Gott. Das geht, wie wir alle wissen, selten gut, und wenn es gut geht, dann bleibt offen, ob es denn wirklich der liebe Gott war, der die Bitten des Menschen erfüllt hat, oder ob es dafür nicht sehr viel einfachere Erklärungen gibt.
In diesem Verständnis ist die Fülle und Vielschichtigkeit dessen, was beten heißt, beschränkt auf eine einzige Weise. Es ist so, wie wenn man die vielfältige Schönheit eines Waldes dadurch erfahren will, dass man nur das Moos unter den Bäumen betrachtet. Was beten heißt, reicht unendlich viel weiter, als unsere Bittgebete, noch dazu die arg egoistischen, uns weismachen wollen. Aber zum Bittgebet erst später noch etwas.

Einen neuen Zugang zum Gebet gewinnt, wer sich auf die reiche Sprache des Alten Testaments einlässt. Ein spezielles Wort für „beten" rangiert hier ganz am Rande – weil „beten" keine fromme Spezialität ist. Also steht im Vordergrund die große Fülle der Ausdrücke, mit denen man sagen will: Ein Mensch spricht, redet, schreit, er klagt, lobt, fleht oder ruft. Keine Sondersprache für das Gebet, weil der Mensch im Gebet sich selbst und sein ganzes Leben – eben nicht nur sein frommes Leben – in Worte fasst, und zwar: mit Worten aus seinem Leben. Darum heißt es zum Beispiel in Psalm 5:

> Herr, höre meine Worte,
> merke auf mein Reden!
> Vernimm mein Schreien, mein König und Gott;
> denn ich will zu dir beten.

In der Sprache des Lebens also wird geredet – und wo das geschieht:

verbindlich und nicht beiläufig,
betroffen und nicht oberflächlich,
im Gewissen gebunden und nicht beliebig,
da haben wir es mit Gebeten zu tun, wie immer sie klingen mögen, wo immer sie gesprochen oder auch nur gedacht werden mögen.

So gewinnen wir Zugänge zu einem weiten, einem befreienden und einem befreiten Gebetsverständnis. Gebet darf kein frommer Krampf sein. Es ist aus aller Enge herauszuholen, zumal aus der Enge einer primitiven Wunscherfüllungsmechanik.

Wer betet, breitet sein Leben aus, indem er es ausspricht:
klagend oder lobend,
Hoffnungen träumend der eine,
schwarz vor Kummer der andere,
suchend,
mit den Wörtern tastend, klopfend,
wie mit dem Stock des Blinden ...

Das kann laut oder leise geschehen, schreiend oder in wohlgesetzten Worten, es kann auch noch im Raum vor dem wohlformulierten Wort hängen bleiben, weil die Sprache in der Not nicht reicht – in der nachsinnenden Betrachtung. Die künstliche Unterscheidung zwischen Meditation und Gebet hilft da gar nichts. Sie ist die Erfindung derer, die meinen, ihre Form des Gebets verbindlich machen zu können. Reichtum und Vielfalt sind größer als solche Unterscheidungen.

Dorothee Sölle formuliert:

> „Ich empfinde zum Beispiel den Gedanken, dass jeder Mensch beten kann, als eine ungeheure Betonung seiner Kreativität. Das Christentum setzt eigentlich voraus, dass alle Menschen Dichter sind, nämlich beten können. Das ist dasselbe wie: mit den Augen Gottes sehen. Wenn die Menschen mit der größten Wahrhaftigkeit, derer sie fähig sind, das zu sagen versuchen, was sie wirklich angeht, dann beten sie und sind zugleich Dichter."

Nimmt man es so, dann ist das Gebet eine bedeutsame Struktur unseres Lebens. Beten hat mit der Frömmigkeit unseres Denkens, Sagens und Fühlens zu tun. Solche Frömmigkeit muss vielgestaltig sein wie das Leben. Es gibt keine für alle verbindliche Form oder Weise. Wir werten da gern moralisch. Statt dessen sollten wir uns gegenseitig Freiheit gewähren, innerhalb und außerhalb der Kirche. Weil jemand anders lebt und betet als ich, ist er nicht schlechter. Weil ich anders lebe und bete, bin ich nicht besser.

Wenn Beten die Artikulation von Welt und Leben ist, dann stellt sich die Frage, woher der Mensch solche Sprache nimmt, zum Beispiel dann, wenn die Not oder das Elend ihn sprachlos machen. Niemand ist in jeder Lage aus eigener Kraft sprachmächtig. Also gilt es zu bedenken, dass Beten immer auch heißen kann: *aus der Wiederholung leben*.
Wer das nostalgisch versteht, der irrt.
Einem weiten, offenen Verständnis des Gebets, orientiert am Alten Testament, orientiert an der Angewiesenheit des Menschen, sein Leben auszusprechen, weil er stumm sterben müsste – zu diesem weiten Verständnis gehört zugleich, dass wir so etwas wie „Wegmarken" brauchen, Orientierungspfosten auf dem Weg ins offene Leben.
Solche „Wegmarken" sind zum Beispiel die Ur-Kunden des Glaubens, wie wir sie in der Bibel vor uns haben. Sicher nicht ein Abschnitt wie der andere, aber ganz sicher mit besonderem Gewicht jene, die schon durch ihre große sprachliche Gestalt zum Gemeingut aller geworden sind – also, wenn es um das

Gebet geht, zum Beispiel das Vaterunser oder einzelne Psalmen.
Warum brauchen wir solche ausformulierten Gebete als eine Art „Orientierung“ für unsere Freiheit?
Einmal: In der Weite und Vielfalt des Betens brauchen wir zugleich Worte, die wir *gemeinsam* sprechen können. Das ist ein Stück notwendiger Konzentration in der Vielrederei unseres Lebens. Weite lebt von Konzentration. Konzentration ermöglicht neue Weite.
Zum anderen: Die Worte des Vaterunsers oder der Psalmen sind wie Dächer, unter denen sich Menschen mit sehr unterschiedlichen Erfahrungen und Erwartungen unterbringen können. Solche „Dächer“ ermöglichen unser Zusammenleben, mitunter auch das Überleben. Oder anders: Diese Gebete sind immer neu übersetzbar, in jede neue Zeit und Welt hinein. Sie bleiben Gebete der Väter, indem sie unsere eigenen werden können.
Ohne den Rückgriff auf solche Ur-Kunden wären wir ärmer. Wenn wir sie den Traditionalisten, also den Rückwärtsdenkern, überlassen, verarmen wir, weil wir die Sprache komplexen Lebens verlieren – in der Klage oder in der Trauer, in der Sehnsucht und in der Hoffnung, im Lob und in der Freude.

Aber ich will den Horizont noch einmal erweitern. Denn die Sprache des Gebets öffnet immer auch den Blick nach vorn. Das kann für spontane Aussagen ebenso gelten wie für die Sprache der Tradition. Darum sage ich: *Beten heißt, sich in große Wünsche einüben.*

Im Gebet nennen wir die Dinge beim Namen. Wir erinnern und bedenken unsere Erfahrungen, wir benennen, was wir beklagen und was wir wünschen. Da heißt es zum Beispiel im 13. Psalm:

> Wie lange, o Herr,
> willst du meiner so vergessen?
> Wie lange verbirgst du
> dein Antlitz vor mir?
> Wie lange soll ich Schmerzen hegen
> in meiner Seele,
> Kummer im Herzen Tag und Nacht?
> Wie lange soll sich mein Feind
> über mich erheben?
> Schaue doch und erhöre mich, mein Gott!
> Mache hell meine Augen,
> daß ich nicht im Tode entschlafe ...

Der Beter dieses Psalms benennt sein Unglück, seine Erfahrungen. Er übt sich darin, nicht einverstanden zu sein mit dem, was ist. Er stellt Fragen, fast drohend: Wie lange noch ... Wer so fragt, hat den ersten Schritt getan zur Veränderung dessen, was ihn bedrängt. Er übt seine Wünsche ein: nach Gerechtigkeit, Sieg über das Unrecht, nach menschenwürdigem Leben. Solche Wünsche wollen gelebt sein. Sonst verblassen sie in der Resignation des Alltäglichen.
Aber wir lernen sie, indem wir sie aussprechen. Stumme Wünsche sind bald vergessen. So verstanden, hilft das Gebet, uns vorzustellen, wie Leben auch anders sein kann, für uns und andere.

Schließlich ist eine Entgegensetzung entschieden abzuweisen. Sie ist, aus vielerlei Gründen, im Denken vieler Menschen tief verwurzelt. Es ist die Entgegensetzung von Beten und Handeln (die ja nur der allgemeineren von Reden und Handeln, von Wort und Tat entspricht). Dagegen gilt: *Beten und Handeln gehören zusammen.* Dies ist auch die Gelegenheit, noch einmal auf die absurde Automatik von Bittgebet und Erfüllung zurückzukommen.
Beten ersetzt niemals Handeln, sondern es begleitet Handeln. Die Gewissensfrage: Was habe ich da angerichtet? ist eine Gebets-Frage. Aber das Gebet darf nie zum Verschiebebahnhof zwischen der eigenen Pflicht zum Handeln und Gottes überweltlichem Eingreifen verkommen. Wer so betet, wer dies erbittet, der lästert Gott.
Eine der ergreifendsten Darstellungen der schrecklichen Spannung zwischen Beten und Handeln stammt von *Bertolt Brecht* in einer Szene der „Mutter Courage":
Im Januar 1636 bedrohen die kaiserlichen Truppen die evangelische Stadt Halle. Der Planwagen der Mutter Courage, einer Marketenderin, und ihrer Tochter Kattrin, einer Stummen, steht auf einem Bauerngehöft vor der Stadt. Da kommen nachts ein paar kaiserliche, katholische Soldaten und wollen von den Bauersleuten den Weg zur Stadt gewiesen haben. Sie sind der Vortrupp. Nach einigem Wehren und nach der Drohung, ihr Vieh abzuschlachten, ist der Sohn bereit, den Weg zu weisen. Die Bäuerin beschließt die Episode mit dem Satz: „Und schönen Dank, Herr Hauptmann, dass Sie uns verschont haben, in Ewigkeit, Amen." Die zurückbleibenden Bauersleute sorgen sich um die bedrohte Stadt, kom-

men aber nach allem Hin und Her immer nur zu demselben Schluss: „Ja, wir können nix machen." Symptomatisch ist nun, welche Erkenntnis aus dieser Feststellung gezogen wird: Wer „nix machen kann", kann wenigstens beten.
Das Gebet ersetzt hier das notwendige Handeln. Es erfolgt in dem Augenblick, als alles von der Erkenntnis einer unabänderlichen Situation bestimmt ist. Bei Brecht heißt es dann weiter:

> „*Der Bauer:* Ja, wir können nix machen.
> *Die Bäuerin zu Kattrin:* Bet, armes Tier, bet! Wir können nix machen gegen das Blutvergießen. Wenn du schon nicht reden kannst, kannst doch beten. Er hört dich, wenn dich keiner hört. Ich helf dir. *(Alle knien nieder, Kattrin hinter den Bauersleuten.)* Vater unser, der du bist im Himmel, hör unser Gebet, laß die Stadt nicht umkommen mit alle, wo drinnen sind und schlummern und ahnen nix. Erweck sie, daß sie aufstehn und gehn auf die Mauern und sehn, wie sie auf sie kommen mit Spießen und Kanonen in der Nacht über die Wiesen herunter vom Hang. *(Zu Kattrin zurück:)* Beschirm unsre Mutter und mach, daß der Wächter nicht schläft, sondern aufwacht, sonst ist es zu spät. Unserm Schwager steh auch bei, er ist drin mit seine vier Kinder, laß die nicht umkommen, sie sind unschuldig und wissen von nix. *(Zu Kattrin, die stöhnt:)* Eins ist unter zwei, das älteste sieben. *(Kattrin steht verstört auf).* Vater unser, hör uns, denn nur du kannst helfen, wir möchten zugrund gehn, warum, wir sind schwach und haben keine Spieß und nix und

> können uns nix traun und sind in deiner Hand mit unserm Vieh und dem ganzen Hof, und so auch die Stadt, sie ist auch in deiner Hand, und der Feind ist vor den Mauern mit großer Macht ... Gedenk der Kinder, wo bedroht sind, der allerkleinsten besonders, der Greise, wo sich nicht rühren können, und aller Kreatur. *Der Bauer:* Und vergib uns unsre Schuld, wie auch wir vergeben unsern Schuldigern. Amen."

Während des letzten Teiles dieses Gebetes hat sich die stumme Kattrin unbemerkt zu ihrem Wagen geschlichen. Sie holt eine Trommel und klettert auf das Dach des Stalles. Sie trommelt wie eine Besessene, um die Stadt vor den herankommenden Kaiserlichen zu warnen, und dieselben Leute, die zuvor der Meinung waren, da kann man nix machen, und deswegen beteten, sagen jetzt: „Sie bringt uns ins Unglück." ... „Hast denn kein Mitleid? Hast gar kein Herz? Hin sind wir, wenn sie auf uns kommen! Abstechen tuns uns." Der Trupp Soldaten kommt zurück, Kattrin wird beschworen, gelockt, bedroht. Sie trommelt weiter zur Warnung der Stadt. Die Soldaten schießen sie nieder, aber die Stadt ist gerettet. Man hört von weitem das Geläut der Sturmglocken und den Donner der Kanonen.
Die Stadt ist gerettet – nicht durch Gebete. Sondern die Stadt ist gerettet durch die Tat eines stummen Mädchens, das im entscheidenden Augenblick seiner selbst vergaß, aber desto mehr an andere dachte und entsprechend handelte. Kattrin hat, so könnte man sagen, in ihrem barmherzigen Handeln die Funktion Gottes, der nicht eingriff, übernommen. Menschliches Handeln hat dabei eine Macht erwie-

sen, die der ohnmächtige Beter als Macht Gottes, der von außen eingreifen sollte, vergebens herabgefleht hatte.
Aber dies alles darf man auch nicht zu eng verstehen. Dass hier Handeln falsches Beten sinnvoll ersetzt, das sollte nicht die andere Perspektive verstellen: Beten, im Sinne einer dynamischen, vielleicht verzweifelt gegen die sogenannten Realitäten hoffenden Haltung, kann, ja, muss auch Handeln übersteigen, muss die Grenzen des Handelns bewusst halten, um über sie hinauszuweisen. Sonst könnte im Gebet nicht mehr erhofft, ersehnt werden, als jetzt möglich ist. Gerade um dieses „Mehr" aber geht es immer auch im Gebet, damit nicht alles bleibt, wie es ist.

Vater unser (1)

Vater unser im Himmel
Geheiligt werde Dein Name

Kann man von Gott als „unserem Vater" reden? Väter kennen wir. Lieb und verständnisvoll sind die einen, brutal und herrschsüchtig die anderen, von allem ein bisschen die meisten. Die einen fördern ihre Kinder, die anderen fordern nur. Die einen geben Freiheit, die anderen formen Menschen nach ihrem Bild. Wir wissen, wie Väter sind, weil wir uns kennen oder weil wir Väter kennen. Im besten Fall ist die Qualität ambivalent.

Gott, unser Vater?
Wie wir Väter soll Gott sein?

Jetzt sind wir in der Sackgasse gelandet. Das passiert immer, wenn wir Gott zu einer Person wie Nachbars Fritz machen. Auch als „Vater", als „unser Vater" ist Gott nicht eine Figur wie unsereiner.

Welchen Sinn hat es dann, von Gott als Vater zu reden?

Es ist eine Bildrede und kein Personenstandsprotokoll. In einer Bildrede geht es darum herauszubekommen, wofür das Bild steht. Es genügt nicht, das Bild zu betrachten, sondern ich muss herausfinden, worauf es verweist. Die Schwierigkeit liegt darin, dass das Bild etwas sichtbar macht, was ohne Bild nicht sichtbar ist. Sonst brauchten wir ja kein Bild.

Wofür also steht hier das Bild?
Was sagt das Bild: Gott, unser Vater?

Vielleicht erschließt sich die Hintergründigkeit am ehesten, wenn ich sage: Es ist ein Gegenbild. Wogegen? Gegen die Wirklichkeit unseres Lebens. Gegen alle Erfahrung.

Das ist die Wirklichkeit:
dass der Mensch des Menschen Feind ist,
dass Machtgehabe Verständigung zerstört,
dass Gewalt vor Recht geht.
Und das ist unsere Erfahrung:
dass auch noch Liebe selbstsüchtig ist,
dass Angst nach uns greift,
dass uns Ohnmacht mutlos macht.

Angesichts dieser Wirklichkeit, angesichts solcher Erfahrungen das Bild Gottes als Vater hervorrufen, heißt: ein Gegenbild aufstellen, und das Gegenbild „Vater" sagt: Der Sinn unseres Lebens, der Grund aller Hoffnungen ergibt sich nicht aus der Analyse unserer Wirklichkeit, nicht aus dem Blick in den Spiegel, sondern was erfülltes Leben, geglücktes Leben ist, reicht darüber hinaus (oder dahinter zurück). Das meint die symbolische Rede von Gott als unserem Vater.
Der Name Gottes, das Symbol des Vaters, steht für eine Welt, für ein Leben, in denen überschritten wird, was vor Augen ist. Und in den einzelnen Sätzen des Vaterunsers wird diese Hoffnung mit Farben ausgefüllt. Eigentlich müssten uns die Augen übergehen, wenn wir ernst nähmen, was da ausgesagt wird:

Tägliches Brot für alle,
eine Welt ohne die Last der Schuld,
ein Reich des Friedens und der Gerechtigkeit.

Welch eine Hoffnung! Welch ein Traum!
„Gott, unser Vater" – das ist das Erkennungswort, das ist wie eine Verständigungsformel derer, die sich in dieser Hoffnung zusammenschließen.

Das Bild des Himmels sagt nichts anderes als das Bild des Vaters. Von Gott im Himmel reden, heißt: Jeder menschliche Vergleich wäre falsch. Die irdische Vergleichsebene wird gesprengt. Wer diese Sprache gebraucht, ist nicht mehr gefesselt durch das, was ist, sondern es beflügelt ihn, was aus unserer Welt werden könnte. Der Himmel ist also kein ferner Ort, sondern der Horizont neuen Lebens. „Himmel" sagt dasselbe wie „Vater". Beide Bilder decken sich.
Wer den Vaternamen Gottes an den Himmel schreibt, wer ihn über der Welt ausruft, der gibt diese Welt nicht auf, auch dann nicht, wenn alles dafür spräche. Wer sein Leben an dem Symbol vom Vater und dem Bild vom Himmel fest macht, der sucht kein Jenseits, der sucht keinen Gott in der Ferne oder in der Höhe, sondern der wird in die Welt, in die Nähe und zum Nächsten gewiesen. Denn:

christusbilder

clemens von alexandrien:
siehst du deinen bruder
so siehst du deinen gott

nur leben
entwirft
lebendige
bilder

was schaben
was pinseln
die maler
auf kirchengerüsten
an toten gemälden?

des lebens
und seines fürsten
lebendiges bild
sind frauen
und männer
(Kurt Marti)

Der Name Gottes soll geheiligt werden. Martin Luther meint im Großen Katechismus: „Das ist nun etwas finster und nicht wohl deutsch geredet." Recht hat er. Was wir als Kinder gelernt haben, dauernd „um Gottes willen" sagen, entheilige den Namen Gottes, ist zwar nicht finster, aber wohl ein bisschen flach.

Fußend auf jüdischer wie auf antiker Tradition, heißt, den Namen Gottes heiligen: für die „Sache" Gottes eintreten. Ich will das weniger erklären, sondern eher dokumentieren.

Die niederländische Jüdin *Etty Hillesum*, eine junge Frau, keine verbitterte Asketin, hat in der Zeit von 1941 bis zu ihrer Einlieferung in das Durchgangslager Westerbork und ihrem Abtransport nach Ausch-

witz im Oktober 1943 Tagebuch geführt. Im November 1943, 29 Jahre alt, wird sie ermordet. Das Tagebuch, neun eng beschriebene Hefte, ist 1981 in Holland, 1983 in Deutschland veröffentlicht worden.
Was Etty Hillesum notiert hat, ist so dicht, dass man es im Wortlaut lesen muss. Im Angesicht des Todes schreibt sie: Ich will Zeugnis ablegen, „mein Gott, dass es gut und schön ist, in deiner Welt zu leben, trotz allem, was wir Menschen einander antun", und dann folgt die Selbstbezeichnung:
„Das denkende Herz der Baracke."
Es ist, trotz allem, „gut und schön". Unfassbar. Der Satz fällt zahllose Male. Warum? Die Antwort lässt sich in einem Gebet erahnen, das Etty Hillesum am 12. Juli 1942 notiert hat:

> „Es sind schlimme Zeiten, mein Gott. Heute nacht geschah es zum erstenmal, dass ich mit brennenden Augen schlaflos im Dunkeln lag und viele Bilder menschlichen Leides an mir vorbeizogen. Ich verspreche dir etwas, Gott, nur eine Kleinigkeit: ich will meine Sorgen um die Zukunft nicht als beschwerende Gewichte an den jeweiligen Tag hängen, aber dazu braucht man eine gewisse Übung. Jeder Tag ist für sich selbst genug. Ich will dir helfen, Gott, dass du mich nicht verläßt, aber ich kann mich von vornherein für nichts verbürgen. Nur dies eine wird mir immer deutlicher: dass du uns nicht helfen kannst, sondern dass wir dir helfen müssen, und dadurch helfen wir uns letzten Endes selbst. Es ist das Einzige, auf das es ankommt: ein Stück von dir in uns selbst zu retten, Gott. Und vielleicht können wir mithel-

fen, dich in den gequälten Herzen der anderen Menschen auferstehen zu lassen. Ja, mein Gott, an den Umständen scheinst auch du nicht viel ändern zu können, sie gehören nun mal zu diesem Leben. Ich fordere keine Rechenschaft von dir, du wirst uns später zur Rechenschaft ziehen. Und mit fast jedem Herzschlag wird mir klarer, dass du uns nicht helfen kannst, sondern dass wir dir helfen müssen und deinen Wohnsitz in unserem Inneren bis zum Letzten verteidigen müssen. Es gibt Leute, es gibt sie tatsächlich, die im letzten Augenblick ihren Staubsauger und ihr silbernes Besteck in Sicherheit bringen, statt dich zu bewahren, mein Gott. Und es gibt Menschen, die nur ihren Körper retten wollen, der ja doch nichts anderes mehr ist als eine Behausung für tausend Ängste und Verbitterung. Und sie sagen: Mich sollen sie nicht in ihre Klauen bekommen. Und sie vergessen, dass man in niemandes Klauen ist, wenn man in deinen Armen ist. Ich werde allmählich wieder ruhiger, mein Gott, durch dieses Gespräch mit dir. Ich werde in der nächsten Zukunft noch sehr viele Gespräche mit dir führen und dich auf diese Weise hindern, mich zu verlassen. Du wirst wohl auch karge Zeiten in mir erleben, mein Gott, in denen mein Glaube dich nicht so kräftig nährt, aber glaube mir, ich werde weiter für dich wirken und dir treu bleiben und dich nicht aus meinem Inneren verjagen."

So anders Person und historischer Ort und auch die Eigenart des persönlichen Glaubens hier sind, so ist dies doch zutiefst verwandt mit der alten jüdischen Vorstellung, dass man den Namen Gottes heiligt, indem man sein Leben opfert – hier: ein Leben, dessen Schönheit bis zum letzten Atemzug bewusst gelebt und geliebt wird, gelebt immer auch in der Hingabe an andere Menschen.

Am Rande: Die Mörder Etty Hillesums waren, mindestens in ihrer großen Mehrzahl, Christen, die das Vaterunser beten konnten.

Unsere Situation ist nicht die von Etty Hillesum, der von den Nazis verfolgten Jüdin. Es gibt keine Imitation. Es gibt – hoffentlich – keine Wiederholung. Wer sich hier vergleicht, ist respektlos. Aber auch umgekehrt gilt: Dass wir keine Juden sind, kann uns gegenüber solchen Zeugnissen jüdischen Glaubens nicht gleichgültig machen. Anderenfalls dürften wir ein Gebet, das so stark wie das Vaterunser im Judentum verwurzelt ist, gar nicht sprechen.

Es ist nicht zu übersehen: Dieses Gebet der Etty Hillesum spiegelt einen neuen Umgang der Beterin mit dem Symbol Gott, obwohl es gleichzeitig durchaus auch traditionelle Wendungen enthält. Gott ist nicht mehr der Herr, der Allmächtige, der helfen kann. Er kann die Not nicht wenden. Gott wird vielmehr zum Gleichwort für den unzerstörbaren Kern des Menschen, den sich zu bewahren die Aufgabe des Menschen ist – noch in Angst, Not und Schrecken.

Über die Zeiten und den Wechsel der Lebenssituationen hinweg wird etwas ablesbar, was im Leben durchzubuchstabieren wäre. Es ist so elementar, dass es zum Grundgesetz für jeden, der das Wort Gott in den Mund nimmt, werden sollte:

Gottes Name wird nicht geheiligt mit Worten, gar noch mit besonders schönen oder erhabenen, auch nicht durch Theologie oder reine Lehre.
Gottes Name wird durch die Lebenspraxis von Menschen geheiligt.
Zu aller Zeit.
Die Gestalt unseres Lebens leugnet oder heiligt den Namen Gottes.
Darum, wer sich kennt, sagt nur mit Zittern und Zagen:
Geheiligt werde dein Name.

In Träumen die Welt aneignen

Träume sind Schäume, sagt das Sprichwort. Es taucht in vielen Variationen quer durch die Geschichte auf. Das 34. Kapitel des Buches Jesus Sirach, einer nicht ins Alte Testament aufgenommenen späten jüdischen Schrift, ist voll von Beispielen: „Wer auf Träume hält, will den Wind haschen" oder: „Wer auf Träume hält, der greift nach dem Schatten" oder: „Träume sind nichts anderes denn Bilder ohne Wesen". Es ist deutlich: Träume haben keinen guten Ruf.

Ich möchte mich zum Anwalt von Träumern und ihren Träumen machen. Denn unsere Welt, so wie sie ist, geht zugrunde, wenn wir keine Träumer, keine Träume mehr haben. Dabei meine ich nicht Nachtträume, die uns im Schlaf überraschen, erfreulich oder bedrückend, nicht jene Träume, die den Psychoanalytiker interessieren mögen, sondern ich meine Wachträume, Träume, die über gegebene Realitäten hinausschießen. Ich meine jene Träume, in denen die Träumenden sich nicht abfinden mit dem, was ist, sondern in eine bessere, eine neue Welt vorstoßen. In diesem Sinne sind große Passagen des Alten und Neuen Testaments voller Träume, zum Beispiel bei den Propheten oder in der Offenbarung des Johannes oder im Bild vom Reich Gottes. Und in dieser Ahnenreihe gibt es Träume, die Zeitgenossen von uns geträumt haben.

Elie Wiesel, 1925 in einer kleinen Stadt in Siebenbürgen geboren, aufgewachsen in jüdischen Traditionen, geprägt durch den Chassidismus, eine fromme osteuropäische Strömung des Judentums mit mystischen Zügen, geborgen in einer Familie, in der der Großvater dem Heranwachsenden die Geschichten der chassidischen Lehrer wieder und wieder erzählt – jener Elie Wiesel wird 1944 mit der ganzen Familie von den Nazis deportiert. In einen Ort, dessen Namen keiner kannte: Auschwitz. Von der Mutter und der Schwester wird er sofort getrennt. Mit dem Vater zusammen kommt er in ein anderes Lager. Der Vater stirbt im Lager. Elie Wiesel überlebt. Als einziger der Familie wird er 1945 von amerikanischen Truppen aus dem Lager befreit. Er studiert. Er wird zum Vorkämpfer für die Menschenrechte. Sein wiedergewonnenes Leben wird zu einer einzigen Auseinandersetzung mit dem Schicksal der Juden. „Ich wollte den Sinn der Ereignisse begreifen, deren Opfer ich geworden war", sagt er einmal. Genau dies ist der Cantus firmus seiner zahlreichen Veröffentlichungen. 1986 erhält er den Friedensnobelpreis. Jahre später, gefragt nach seinem Traum, antwortet Elie Wiesel:

> „Ich träume von einer Welt, in der die Menschen nicht mehr dem absurden Streben nach Eroberung und Unterdrückung nachgeben, um ihre eigene Überlegenheit zu behaupten oder zu bestätigen. Von einer Welt, in der die Geister von Rassismus, Antisemitismus und Fanatismus in ihren Gefängnissen eingesperrt bleiben. Von einer Welt, in der ein Mensch trotz seiner erdrückenden Vergangenheit im anderen mehr Gründe findet zu hoffen als zu weinen.

> Kurz, von einer Welt, in der das Wort nicht tötet, sondern Segen bringt. Von einer Welt, in der Israelis und Palästinenser daran arbeiten, dass ihre Kinder Anrecht auf das gleiche Glück haben. Und in der Juden und Deutsche sich als Verbündete erkennen im Kampf um die Menschlichkeit des Menschen. Ohne dass das auf Kosten der Erinnerung geht."

Elie Wiesels Traum ist ein Überlebenstraum. Dass der Mensch träumen kann von dem, was nicht ist, dass er hoffen kann, auch phantasieren kann, das unterscheidet ihn vom Tier. Darum durchziehen Darstellungen, Bilder von Träumen und Hoffnungen die Geschichte der Menschen seit alters bis heute. Die Geschichte der Menschheit ist aufbewahrt in den Hoffnungsgeschichten der Menschen zu aller Zeit. Hätten sich nicht Menschen an Hoffnungen und Träumen festgehalten, die ihre Erfahrungen übersteigen – vermutlich lebten wir dann gar nicht. Und die glühenden Farben der Bilder, die Intensität der Hoffnungsfarben steigern sich nur zu oft an der Not und am Elend jener Welt, gegen die angehofft wird. Träume sind Gegenbilder.

Vor Zeiten malt der Prophet Jesaja das Bild eines Friedensreiches:

> „Da werden die Wölfe bei den Lämmern wohnen und die Panther bei den Böcken lagern. Ein kleiner Knabe wird Kälber und junge Löwen und Mastvieh miteinander treiben. Kühe und Bären werden zusammen weiden, daß ihre

> Jungen beieinander liegen, und Löwen werden Stroh fressen wie die Rinder. Und ein Säugling wird spielen am Loch der Otter, und ein entwöhntes Kind wird seine Hand stecken in die Höhle der Natter. Man wird nirgends Sünde tun noch freveln auf meinem ganzen heiligen Berge; denn das Land wird voll Erkenntnis des Herrn sein, wie Wasser das Meer bedeckt." (Jesaja 11, 6–9)

Oder der Seher in der Offenbarung des Johannes:

> „Ich sah einen neuen Himmel und eine neue Erde; der erste Himmel und die erste Erde sind vergangen, und das Meer ist nicht mehr. Und ich sah die heilige Stadt, das neue Jerusalem, von Gott aus dem Himmel herabkommen, bereitet wie eine geschmückte Braut für ihren Mann. Und ich hörte eine mächtige Stimme von dem Thron her, die sprach: Siehe, die Stätte Gottes bei den Menschen! Und er wird bei ihnen wohnen, und sie werden sein Volk sein, und Gott selbst wird bei ihnen sein; und Gott wird abwischen alle Tränen von ihren Augen, und der Tod wird nicht mehr sein, noch Leid noch Geschrei noch Schmerz wird mehr sein; denn das Alte ist vergangen. Und der auf dem Thron saß, sprach: Siehe, ich mache alles neu!" (Offenbarung 21, 1–5)

Das ist die Sprache großer Hoffnungen. Erhofft wird eine Welt- und Lebensgestalt, die noch nicht ist, aber deren Bild real ist. Was wir hier oder dort als idyllisch empfinden mögen – Wölfe, die bei den Lämmern liegen oder Löwen, die Stroh fressen –, das ist keine Idylle, sondern es ist der Protestschrei, der hier sein traumhaftes Bild findet: Wir ersehnen eine Welt, in der es nicht mehr Kampf und Gewalt, nicht mehr Feindschaft und Tod gibt. Wir ersehnen, dass Gott nicht ferne ist und dass Leid und Trauer ein Ende haben. Diese Hoffnung ist der Sinn der Geschichte, neben dem es keinen anderen Sinn gibt.

Einer, der wie kaum ein Zweiter seine weltverändernde Botschaft in der Sprache der Träume den Menschen vermittelt hat, war *Martin Luther King*. Das gilt nicht nur für seine weltbekannte und fast schon bis zum Überdruss wiederholte Ansprache im Rahmen des „Marsches nach Washington" vor dem Lincoln Memorial im Jahre 1963, in der er an der entscheidenden Stelle seine Vision der Zukunft mit dem sieben Mal wiederholten Satz „Ich habe einen Traum …" den Zuhörern vor Augen stellt. Es gilt nicht weniger für die große Rede am 3. April 1968 in der Mason Temple Church in Memphis, am Abend vor Martin Luther Kings Ermordung. Die Rede ist (vermutlich nachträglich, aber durchaus treffend) überschrieben: „Ich bin auf dem Gipfel des Berges gewesen." Auf die Frage Gottes: „Martin Luther King, in welchem Zeitalter würdest du gern leben?", antwortet er mit einem furiosen Ritt durch die Geschichte, beginnend bei den Israeliten, „bei ihrem wunderbaren Treck aus den dunklen Kerkern Ägyptens durch das Rote Meer, durch die Wüste zum Gelobten Land", und dann folgt Station auf Station, von der griechischen Antike bis zum 20. Jahrhundert, und bei jeder Station heißt es am Ende, mit einem

sieben Mal wiederkehrenden Satz: „Aber ich würde dort nicht stehenbleiben. Ich würde mich weiterbewegen ..." Die Mitte dieser „Reise" ist die Reformation: „Ich würde sogar dort hingehen, wo der Mann, nach dem ich genannt worden bin, seine Heimat hatte. Und ich würde Martin Luther beobachten, wie er die 95 Thesen an die Kirchentür in Wittenberg nagelt. Aber ich würde dort nicht stehen bleiben. Ich würde vordringen ..."
Diese Traumreise ist wie ein Vermächtnis: Nicht stehen bleiben, den Weg weitergehen. Der bewegende Schluss der Rede – bewegend, zumal wenn man als später Lebender weiß, was am nächsten Tag geschieht – thematisiert mit wenigen Worten die umlaufenden Drohungen und das, „was mir von einigen unserer kranken weißen Brüder widerfahren könnte." Und dann heißt es:

> „Nun, ich weiß nicht, was jetzt geschehen wird. Schwierige Tage liegen vor uns. Aber das macht mir jetzt wirklich nichts aus. Denn ich bin auf dem Gipfel gewesen. Ich mache mir keine Sorgen. Wie jeder andere würde ich gern lange leben. Langlebigkeit hat ihren Wert. Aber darum bin ich jetzt nicht besorgt. Ich möchte nur Gottes Willen tun. Er hat mir erlaubt, auf den Berg zu steigen. Und ich habe hinübergesehen. Ich habe das Gelobte Land gesehen. Vielleicht gelange ich dorthin nicht mit euch. Aber ihr sollt heute Abend wissen, dass wir, als ein Volk, in das Gelobte Land gelangen werden. Und deshalb bin ich glücklich heute abend. Ich mache mir keine Sorgen wegen irgend etwas. Ich fürchte niemanden. Mei-

> ne Augen haben die Herrlichkeit des kommenden Herrn gesehen."

Diese Rede hat die Dramaturgie eines Traums – oder auch umgekehrt: Ein Traum ist in die Dramaturgie einer Rede überführt worden. Rede wie Traum leben aus der eigengeprägten tiefen Frömmigkeit Martin Luther Kings, einer durch und durch an der Bibel orientierten Frömmigkeit. Sie ist nicht durch theologische Reflexionen bestimmt, sondern durch ein vitales Verhältnis zu Gott und seinen Heilstaten in der Geschichte Israels.
Auf der politischen Bühne, vor anderen Hörern und unter anderen Bedingungen setzt King die Worte anders, ohne deswegen anderes zu sagen. In der Rede anlässlich der Verleihung des Friedensnobelpreises im Jahre 1964 heißt es an entscheidender Stelle:

> „Ich weigere mich, zu glauben, dass der ‚Ist-Zustand' der gegenwärtigen Natur des Menschen ihn moralisch unfähig macht, sich nach dem ewigen ‚Soll-Zustand' auszustrecken, mit dem er immer wieder konfrontiert ist. Ich weigere mich zu glauben, der Mensch sei lediglich treibendes Wrack- oder Strandgut im Strom des Lebens, der ihn umgibt. Ich weigere mich, die Ansicht zu übernehmen, die Menschheit sei so tragisch der sternenlosen Mitternacht des Rassismus und des Krieges verhaftet, dass der helle Tagesanbruch des Friedens und der Brüderlichkeit nie Wirklichkeit werden könne …
> Ich glaube, dass unbewaffnete Wahrheit und

> bedingungslose Liebe das letzte Wort in der Wirklichkeit haben werden. Das ist der Grund, warum Recht, auch wenn es vorübergehend unterliegt, stärker ist als triumphierendes Böses."

Aus dem „Ich weigere mich zu glauben" wird am Schluss dieser Passage ein „Ich glaube." Das hält sich auch im folgenden Abschnitt durch:

> „Ich glaube, dass es inmitten der heulenden Geschosse und Granatenexplosionen unserer Tage Hoffnung gibt für ein helleres Morgen. Ich glaube, dass verwundete Gerechtigkeit, die auf den bluttriefenden Straßen unserer Nation hingestreckt ist, aus dem Staub der Schande emporgehoben werden kann, um über alle Menschenkinder zu herrschen ... Ich glaube immer noch, dass die Menschheit sich eines Tages Gottes Altären beugen wird und mit dem Triumph über Krieg und Blutvergießen gekrönt werden wird und gewaltloser guter Wille seine Herrschaft über das Land ausrufen wird ... Ich glaube immer noch, dass wir überwinden werden."

Martin Luther Kings Reden sind ein Beispiel dafür, wie sich einer in Träumen die Welt aneignet – genauer: träumend das Bild einer menschlichen Welt ausmalt, einmal in biblischer Sprache, durch die die politische Realität durchschimmert, ein anderes Mal in weltlicher Sprache, auf deren Grund die biblischen Symbole wahrnehmbar bleiben. Der eher erzählende Duktus bleibt immer erhalten. Die Leitartiklersprache, die Sprache der Verlautbarungen und Dekrete ist Martin Luther King fremd. Traumsprache ist Erzählsprache. Erzählsprache ist lebenswichtig, weil in ihr, im Gegensatz zur Begriffssprache, die Höhen und Tiefen des Lebens aufbewahrt sind. Für *Johann Baptist Metz* gehört dies zum Zentrum seiner Theologie. Elie Wiesel ist ebenso wie Martin Luther King ein kaum zu überbietender Beleg für Metz' Grundgedanken:

> „Erzählung und Erzählen sind deshalb so wichtig, … weil das, was der Mensch ist, und das, was er von sich halten darf, von sich hoffen kann, nur gedacht werden kann im Blick auf eine Koalition von gegenwärtig Lebenden und inzwischen Verstorbenen, Vergessenen, Geopferten, Besiegten. Deren Visionen und deren Weisheit gehören zum Fundus der Humanität. Der lässt sich niemals bloß auf dem Weg über historische Rekonstruktion gewinnen. Das geht nur über Erzählen ‚gegen die Zeit', und deshalb muss man immer wieder versuchen zu erzählen."

Nichts anderes meint Eli Wiesel, wenn er am Schluss seines Traumes darauf beharrt, dass die Versöhnung zwischen Israelis und Palästinensern, zwischen Juden und Deutschen nicht „auf Kosten der Erinnerung" geschehen darf. Vergessen schafft kein Leben. Es lässt Leben verdorren. Erzählen gegen das Vergessen, Träume erzählen – das hilft, Welt anzueignen und auszusagen, ohne die Abgründe zu übersehen, ohne die Toten erneut zu verscharren.
Als letzten Zeugen aus der Schar der Träumenden,

ohne die unsere Welt ärmer wäre, rufe ich *Ernst Lange* auf, den von den Nationalsozialisten verfolgten Christen jüdischer Herkunft, den wagemutigen Theologen und Kirchenreformer, den phantasievollen ökumenischen Rufer und Mahner.
Die Lebensdaten sind rasch genannt, ohne dass damit freilich die Fülle, die Lasten und der Reichtum eines kurzen Lebens ausreichend deutlich werden können: 1927 geboren, die Mutter Jüdin, er wird aus „rassischen" Gründen verfolgt bis zum Ende des Zweiten Weltkrieges, danach Abitur und Theologiestudium, anschließend Verlags- und Ausbildungstätigkeiten, ab 1951 erste Veröffentlichungen, 1954 Delegierter bei der Zweiten Vollversammlung des Ökumenischen Rates der Kirchen in Evanston, seitdem intensive ökumenische Kontakte.
Dies sind die Ausgangspunkte einer Berufsbiografie, die Ernst Lange in viele verschiedene Funktionen und Aufgabenfelder führt. Durchgehende Leitmotive sind dabei immer der ökumenische Gedanke und das vitale Interesse an Reformen in der Kirche. Anders gesagt: Bestimmend ist für Ernst Lange die Vision einer weltweiten, den Provinzialismus überwindenden Kirche, einer Kirche, die ihre Verkrustungen abwirft, um für Menschen, vor allem für Benachteiligte und Unterdrückte in aller Welt da zu sein.
In seinem wichtigsten Buch „Die ökumenische Utopie oder Was bewegt die ökumenische Bewegung" aus dem Jahr 1972 fasst Ernst Lange zusammen:

> „Wir hielten fest an der ökumenischen Utopie, der Utopie einer geeinten und erneuerten Christenheit als ‚Sauerteig', als Modell, als Unruhe der werdenden Weltgesellschaft, als Träger

> eines Impulses der Humanisierung, der ebenso unerschöpflich wie jeder Gestalt geschichtlich verwirklichter Humanität immer schon voraus ist: der Menschlichkeit Jesu von Nazareth. Wir hielten fest an dieser Utopie, weil sie konkret genug zu sein schien, um Praxis zu stiften, und offen genug, um Hoffnung wachzuhalten und die Praxis vor der Resignation zu bewahren. Wir probierten Theologien, Strategien, Projekte an und legten sie wieder ab, weil sie nicht gut genug passten für das, was wir sahen und hofften. Aber wir blieben bei der Pfingstverheißung."

Das ist Ernst Langes Sprache: von wohltuender Frische im Vergleich zur oft blutarmen wissenschaftlichen Diktion der Theologen, plastisch, dabei immer durchsetzt mit biblischen Wendungen, die durch den Zusammenhang konkret werden. Er versteht die ökumenische Bewegung und das Nachdenken über sie selbst als einen Tagtraum, „und die Frage, ob dieser Tagtraum letztlich ein Wahrtraum oder eine Illusion gewesen sein wird, muss vorerst offenbleiben." Wie könnte das bei einem wagemutigen Traum, in dem das Bestehende kühn überholt wird, anders sein? Aber die offen bleibende Frage nach der vollen Realisierung des Traums schließt dessen schon heute unübersehbare Wirkungen keineswegs aus. Ernst Lange fasst zusammen:

> „Dieser Traum hat wahrscheinlich Tausende von Leben gerettet, Millionen Flüchtlinge beherbergt, Kranke geheilt bis hinein in das Herz des Dschungels, Schulen und Universitäten

> errichtet, Friedensverhandlungen ermöglicht, auch wo heute niemand mehr davon spricht. Dieser Traum hat Sprache produziert für die ganze Menschheit, ohne ihn gäbe es zum Beispiel den wichtigsten Konsensustext dieses Jahrhunderts nicht: die Allgemeine Erklärung der Menschenrechte. Dieser Traum hat auch viele Christen und ihre Organisationen grundlegend verändert, wenn auch auf eine merkwürdig ungreifbare Weise. Sie denken anders, sie fühlen anders, sie handeln anders, sie streiten sich anders, sie geben ihr Geld anders aus. Ihre Wertskalen und Prioritäten haben sich verändert."

Der Weg der ökumenischen Bewegung ist ein Weg des Lernens, des Umlernens. Nicht zufällig steht im Mittelpunkt des Langeschen Denkens der Begriff des Lernens, der Begriff einer neuen Didaktik, sei es für die Erwachsenenbildung, sei es für das Verständnis der Aufgabe der Kirche. Was zu lernen aufgegeben ist, klingt bei Ernst Lange so:

> „Das Fremde soll nicht mehr fremd sein ... Veränderung soll gesegnet und nicht mehr gescheut oder gar verflucht werden. Gott soll aus der Vergangenheit auswandern und als der erkannt, nein angenommen werden, der immer schon im Kommenden angesiedelt ist. Kirche soll nicht mehr vertraute Vergangenheit, sondern ersehnte Zukunft sein. Das ist ein tieferes Lernen als das Lernen des Verstandes."

Ernst Lange hat mit 47 Jahren seinem Leben ein Ende gesetzt, erdrückt von Lasten, die er nicht mehr tragen konnte, aber wohl auch von der Langsamkeit, mit der sich die Kirchen in Deutschland auf den ökumenischen Weg einließen. Werner Simpfendörfer hat ihm in seiner Biografie ein bleibendes Denkmal gesetzt.

Aber es genügt nicht, sich an den Träumen anderer zu erbauen. Wo sind unsere Träume? Wie sehen sie aus? Wie müssten sie aussehen?
Fragt man so, dann zeigt sich etwas, was nachdenklich macht. Es ist ja nicht so, dass wir keine Wünsche hätten. Aber vielfach gilt: Wir haben kleine Wünsche und armselige Träume. Sie beziehen sich allermeist auf unser privates Leben. Die großen Wünsche, die weiter bewegenden Träume überlassen wir denen, die wir dann mitleidig oder aggressiv als Phantasten ins Abseits stellen. Das ist etwas zu billig.
Wir sind weit entfernt von Hoffnungen, wie sie im Alten oder Neuen Testament formuliert werden, von Träumen, wie sie Martin Luther King oder Ernst Lange oder Elie Wiesel allen Widrigkeiten zum Trotz immer wieder für Schwarze und Weiße formuliert haben. Sie alle, die biblischen wie die modernen Propheten, waren Phantasten, in deren Träumen eine neue Welt, nicht nur ein besseres Leben, zur Debatte stand. Der Zustand der Welt müsste es uns lehren: Es kommt darauf an, den alten Bußruf der Evangelien in den Alltag der Welt einzuschreiben: Ändert euch und euer Leben. Denn nur wer blind und taub oder bar jedes menschlichen Empfindens ist, kann heute noch glauben, es werde alles immer so weiter

gehen. Da, was ist, sich auch verändern lässt, ist der Wille zur Veränderung als elementare Tugend und nicht als Ausnahme von der Regel „Alles bleibt, wie es ist" einzuüben. Dann geraten wir in eine neue Spur – die die alte Spur jüdisch-christlicher Tradition ist. Traditionen sind mitunter progressiver als ihre modernen Hüter. Man muss sie nur hart in die Gegenwart hinein übersetzen und nicht entschärfen. Übersetzen heißt: aus alten Träumen neue machen.
Erich Fromm unterscheidet zwischen der Tagsprache und der Traumsprache. Er tut das im Blick auf die Träume der Nacht, aber seine Überlegung behält auch dann ihren Sinn, wenn man sie auf die Tagträume überträgt. „Wenn wir die Traumsprache verstehen", sagt Fromm, kommen wir „etwas weg von der einseitigen intellektuellen Orientierung, die gerade heute für die meisten Menschen kennzeichnend ist. Wir denken dann nicht mehr ausschließlich in Begrifflichkeiten, sondern gewinnen überdies ein Verhältnis zur Differenziertheit der Gefühle. Wir integrieren Intellekt und Emotion und lassen falsche Alternativen hinter uns. Ich ... meine, dass die Traumsprache uns etwas lehren kann, dessen wir – jetzt mehr denn je – zum Leben bedürfen: Im Träumen können wir zu Dichtern werden."
Elie Wiesel, Martin Luther King, Ernst Lange und viele andere belegen, was Erich Fromm sagt.

Vater unser (2)

Dein Reich komme
Dein Wille geschehe
wie im Himmel so auf Erden

Vielleicht ist der Wunsch, dass Gottes Reich kommen möge, die Mitte des ganzen Vaterunsers, die Mitte, um die alle anderen Bitten kreisen. Vielleicht kann man die Heiligung des Vaternamens ebenso wie die folgenden Bitten um Brot oder Schuldvergebung nur von dieser Mitte her verstehen. Dies liegt nahe, weil die Bitte um das kommende Reich wie keine andere einlädt zum Weitererzählen, zum Träumen, zum Phantasieren, zum Weiterdenken. Denn das „Reich Gottes" ist offen zur Zukunft hin.

Beten heißt in die Bitten des Vaterunsers einstimmen. Sie enthalten universale, weltverändernde Hoffnungen. Wer diese Hoffnungen in sein Leben aufnimmt, findet sich nicht mit der Welt ab, wie sie ist. Denn was ist, lässt sich verändern, sofern Menschen den an sie gerichteten Ruf Jesu hören: Ändert euch und euer Leben! Das Vaterunser sprechen heißt: Hoffnung auf Veränderung einüben. Vom Reich Gottes reden, zielt auf die Zukunft aller Menschen – zielt darauf, dass Zukunft möglich ist. Diese Zukunft liegt nicht in irgendeiner Ferne, sondern sie hat mit dem Reden und Handeln, mit dem Leben und Sterben des besonderen Menschen Jesus von Nazareth begonnen. Zukunft – in der Gegenwart.

Was Jesus begonnen und gewollt hat, *ist* das Reich

Gottes. Er hat gelebt und gewollt, dass Menschen in Frieden einander das Leben gönnen. In Frieden: jenseits von Feindbildern und Gewalt, in welcher Form auch immer, jenseits von Unterdrückung, in einer Welt, die als Schöpfung anvertrautes Gut ist, so wenig zur Ausbeutung freigegeben wie der Mitmensch. Gewiss, wenn wir auf unsere Welt sehen: Welch ein Traum! Gemessen an der weithin herrschenden Politik: Reine Phantasie!
Aber wer kann die Augen davor verschließen, dass es zu diesem Traum gar keine Alternative gibt, wenn unsere Welt nicht morgen oder übermorgen an ihr Ende kommen soll? Der Traum ist die Alternative, die einzige zu allem, was die Welt bis an den Abgrund gebracht hat. Wer sich auf diesen Traum einlässt, der ist Realist, und um solchen Realismus geht es, wenn sich Menschen mit ihrem Leben, mit ihrem Verhalten einlassen auf die Worte: Dein Reich komme.

In die gleiche Richtung weist der Wunsch, Gottes Wille möge geschehen – im Himmel wie auf Erden, also universal. Was Gottes Wille ist, ist inhaltlich in den Evangelien vielfältig umschrieben, zum Beispiel so:

> Du sollst den Herrn, deinen Gott, lieben mit ganzem Herzen, mit ganzer Seele und mit all deinem Verstand.
> Und: Du sollst deinen Nächsten lieben wie dich selbst. (Matthäus 22, 37–39)

Liebe meint hier nicht den viel besungenen „siebenten Himmel", sondern eine Haltung, die den ganzen

Menschen in Anspruch nimmt, seine Gefühle ebenso wie seine Vernunft, sein Leben im Handeln, all sein Sinnen und Trachten. Die Liebe zu Gott und dem Nächsten ist nicht voneinander zu trennen. Sie ist eins. Es gibt keine Gottesliebe ohne Nächstenliebe. Wer sagt, er liebe Gott, aber seinen Nächsten verachtet, der lästert Gott. In der Liebe zum Mitmenschen ist der Ort der Liebe zu Gott, nirgendwo anders. Die Liebe zu Gott wird wahr, wo einer seine Mitmenschen liebt. Einen anderen Menschen kann nur lieben, wer mit sich selbst zurechtkommt. Wer sich selbst im Wege steht oder gar sich selbst hasst, wer kein freies Verhältnis zu sich selbst hat, sondern mit sich selbst im ewigen Streit liegt, der kann dem anderen Menschen nicht gerecht werden. Dass wir – in wechselnder Abfolge, also ohne „Wertehierarchie" – Gott, den Nächsten und uns selbst in einem Atem lieben, das ist der Wille Gottes im Himmel wie auf Erden.

Wem das zu allgemein klingt, zu wenig verbindlich, der mag einen Schritt weitergehen. Aber auch dann bleibt es illusionär, auf alle Fragen unserer verworrenen Welt befriedigende Antworten zu erwarten. Warum ein Mensch von einem betrunkenen Autofahrer totgefahren wird, warum eine junge Mutter an Krebs sterben muss, warum es von Menschen gemachte Kriege gibt – solche Warum-Fragen kann niemand beantworten.

Aber bei anderen Fragen erweisen sich die Worte des Vaterunsers als kritische Sonde. Dass Gottes Wille geschehe, kann zur Anfrage an menschliches Handeln werden, wenn wir die Formel vom Willen Got-

tes mit dem Liebesgebot Jesu inhaltlich füllen. So wandelt sich die Vaterunserbitte zur Rückfrage an die Entscheidungen des Menschen. In dieser Rückfrage kommt ans Licht, ob mein Handeln davon bestimmt ist, sich am Liebesgebot Jesu zu orientieren oder ob mein Eigenwille dagegen steht. Mein Eigenwille: meine Macht- und Durchsetzungsgelüste, mein Geltungsdrang oder auch meine Unsicherheiten, die ich mit Kraftmeiertum überspiele. Die Zeche zahlen dabei immer die anderen.
Wem wäre das alles fremd?

Was wir mit wenigen Hinweisen zur Symbolsprache des Vaterunsers umkreist haben und was uns in den kommenden Abschnitten noch beschäftigen wird, hat seine eigene poetische Gestalt in der Sprache von *Kurt Marti* gefunden:

unser vater

1
unser vater
der du bist die mutter
die du bist der sohn
der kommt
um anzuzetteln
den himmel
auf erden

2
dein name werde geheiligt
dein name möge kein hauptwort bleiben
dein name werde bewegung

dein name werde in jeder zeit konjugierbar
dein name werde tätigkeitswort

3
bis wir
loslassen lernen
bis wir
erlöst werden können
damit
im verwehen des wahns
komme
dein reich

4
in der liebe
zum nächsten
in der liebe
zum feind
geschehe
dein wille –
durch uns!

5
unser tägliches brot
gib uns heute damit wir nicht nur
für brot uns abrackern müssen
damit wir nicht
von brotgebern erpresst werden können
damit wir nicht
aus brotangst gefügig werden

6
vergib uns
unsere schuld
und die schuld derer
die schuldig geworden sind
an uns

und was
wie niemandes schuld ist:
sachzwänge verhängnis ignoranz

und unseren verdacht
du selber könntest schuldig geworden sein
an so viel elend an zu viel leiden

vergib
wie auch wir

7
und führe uns nicht
wohin wir wie blind
uns drängen
in die do-it-your-self-apokalypse
sondern erlöse uns
von fatalität und sachzwang
damit das leben
das du geschaffen
bleibe auf diesem kleinen
bisher unbegreiflich erwählten
planeten
im schweigenden all

8
und zu uns
lass wachsen
den baum des glaubens
    wurzelnd in dir
    entfalte sich seine krone
auf erden:
    dein reich
das unsere freiheit
    deine kraft
die ohne gewalttat
    deine herrlichkeit
durch die wir gelingen können
    in ewigkeit

Kein Leben ohne Erinnern

Im alttestamentlich-jüdischen Denken hat die Geschichte, also auch das Gedächtnis der Menschen, eine besondere Bedeutung. Kein menschliches Leben fängt bei einem Nullpunkt an, sondern es tritt in eine Geschichte ein, die ihm vorausliegt. Diese Geschichte trägt den Einzelnen, aber sie fordert ihn zugleich auch. Von der Geschichte, auch von der Lebensgeschichte der Generationen vor uns, kann man nicht absehen. Auch wenn man wegsieht, bleibt sie *unsere* Geschichte. Aussuchen kann man sie sich nicht.

Auf die zehn Gebote folgt im fünften Buch Mose ein Redestück, in dem den Israeliten eingeschärft wird: Dies ist das Gesetz, das Gott euch geboten hat – der Gott, der für Israel der einzige ist, der von ganzem Herzen, von ganzer Seele und mit aller Kraft zu lieben ist. Am Schluss dieses Kapitels wendet sich der Blick auf die späteren Generationen. Da heißt es:

> „Wenn dich dann künftig dein Sohn fragt: ‚Was sollen denn die Verordnungen, die Satzungen und Rechte, die euch der Herr, unser Gott, geboten hat‘, so sollst du zu deinem Sohn sagen: …"

Ich unterbreche den alten Text: Was wird der Vater dem nachfragenden Sohn antworten sollen? Wie kann er begründen, woher die Gebote kommen und warum sie zu halten sind? Erklären, begründen, erläutern, vielleicht auch rechtfertigen, das sind Argumentationsweisen, die uns naheliegen. Ohne sie kommen wir nicht aus. Aber der alttestamentliche Redner fährt anders fort. Du sollst zu deinem Sohn sagen:

> „Wir waren Sklaven des Pharao in Ägypten. Da führte uns der Herr mit starker Hand heraus aus Ägypten, und der Herr tat vor unsern Augen große und unheilvolle Zeichen und Wunder an den Ägyptern, am Pharao und an seinem ganzen Hause; uns aber führte er von dannen heraus, um uns hierher zu bringen und uns das Land zu geben, das er unsern Vätern zugeschworen hatte. Und der Herr gebot uns, nach allen diesen Satzungen zu tun und den Herrn, unsern Gott, zu fürchten, auf dass es uns wohl ergehe allzeit und er uns am Leben erhalte, wie es jetzt geschieht. Und als Gerechte werden wir dastehen, wenn wir dieses ganze Gesetz getreulich erfüllen vor dem Herrn, unserm Gott, wie er uns geboten hat."
> (5. Mose 6, 20–25)

Das ist ein Stück Anrede, die man nicht lesen darf wie ein Polizeiprotokoll oder wie den informativen Beipackzettel eines ärztlich verordneten Medikaments. Das ist Sprache, die nicht einfach berichtet, was war, sondern die Geschichte deutet und zugleich weiter überliefert. Geschichte, in alte Sprache geronnen. Erinnerte Geschichte, die nicht in die Vergessenheit fallen darf, weil sie für die Gegenwart bedeutsam ist. Geschichte, die bewahrt werden muss und vor der sich die Lebenden heute und morgen

bewähren müssen. Es ist produktive Überlieferung als Widerruf des Vergessens.
Dies ist ein Beispiel, räumlich wie zeitlich weit von der Gegenwart entfernt, im Vorderen Orient beheimatet, fremder Kultur zugehörig, im siebenten vorchristlichen Jahrhundert niedergeschrieben, aber sicher schon viele Jahrhunderte früher zum ersten Mal formuliert. Es steht jetzt nicht zur Debatte, wer sich heute mit dem Inhalt dieser alten Überlieferung identifizieren kann und auf welche Weise das geschehen könnte. Es geht vielmehr darum, unseren Horizont zu weiten, den Horizont des allein auf die Gegenwart, allein auf Aktualitäten Fixierten. Belehrt durch Israel als uraltes Beispiel, also mit den alten Worten im Rücken, behaupte ich: Der damalige Rückgriff Israels auf seine Geschichte macht, wie oft im Alten Testament, modellhaft so etwas wie ein Grundgesetz menschlichen Lebens erkennbar. Menschsein heißt eine Geschichte haben. Es muss keineswegs die Geschichte mit dem Gott Israels sein. Vielleicht sollte man darum besser sagen: Menschsein heißt Geschichten haben. Diese Geschichten können außerordentlich vielfältig sein, so vielfältig wie das Leben ist. Immer sind es zwei Sorten von Geschichten: individuelle Geschichten und kollektive Geschichten; Geschichten, die in das Leben des Einzelnen hineinragen, verheißungsvoll oder dunkle Schatten werfend, und Geschichten, die die größere Gemeinschaft angehen, in der die Einzelnen leben, das Volk oder die Gesellschaft. Und auch da gilt: Es sind helle und dunkle Geschichten, die uns vorausliegen. Lebensnotwendig ist es, sich diesen Geschichten zu stellen, den individuellen wie den kollektiven. Erinnerung ist eine Lebensader. Aber Er-

innerung ist nicht unkritisch gegenüber dem, was war. So wenig ich mir die Geschichten aussuchen kann, die mich immer mitbestimmen, ebensowenig werde ich ihnen verfallen. Ich werde sie weder verdrängen noch idealisieren. Ich muss sie als mein Teil aushalten, auch wo ich sie lieber schönreden würde.

Dass Menschsein heißt, Geschichten zu haben, möchte ich an zwei weit auseinander liegenden Beispielen verdeutlichen.
Der Schriftsteller *Günther Weisenborn* hat in seinem Erinnerungsbuch „Memorial" eine Szene notiert, die in der frühen Nachkriegszeit spielt. Es ist eine Szene, in der er, wie in einem Rückspiegel, einen Ausschnitt seines Lebens in der Zeit vor 1945 sieht:

> „Wir biegen mit dem Wagen in die kleine Sackgasse ein, an deren Ende das Portal des mächtigen Strafgefängnisses Spandau steht. Es ist ein schwerer, düsterer Bau aus roten Ziegelsteinen ... Ich lasse mir die Zelle 136 aufschließen, in der ich vor Jahren einige Monate verbrachte. Sie ist leer. Eine eisige, finstere Kälte strömt uns entgegen. Es ist dieselbe Kälte wie damals, es ist dieselbe fade Dämmerung, und es ist dieselbe Zelle, in der ich einst gehofft, gebangt und gelitten habe. An diesem uralten, schmutzigen, abgewetzten kleinen Tisch habe ich Tüten geklebt. An diesen Wänden habe ich mit meinen Nachbarn Morse geklopft. Hier habe ich die Fahne geworfen. Aus diesem Fenster sah ich jene schöne Birke, die draußen auf dem Gefängnishof langsam ihre Blätter verlor. Ich

> bin überwältigt von der Erinnerung und entdecke schließlich den Kalender, den ich damals in die Wand geritzt habe. Jeder Strich bedeutet einen langen Tag. Es sind vier Monatskolonnen, und darüber steht, was ich damals hineinritzte: ‚Hier wartete auf das Kriegsgericht: G. W.', rechts von der eisenbeschlagenen Tür, ungelenk hingestrichelt."

„Ich bin überwältigt von der Erinnerung", schreibt Günther Weisenborn. Aber was würde man diesem Leben rauben, wenn man die Erinnerung an jene dunkle Zeit tilgte? Eine Erinnerung, die ja zwei Seiten hat: den Anhauch der „eisigen, finsteren Kälte" jener Zelle, in der er gesessen hat, hoffend und bangend, und zum anderen: die Anmutung jener „schönen Birke, die draußen auf dem Gefängnishof langsam ihre Blätter verlor." Weisenborn kehrt nach dem Ende von Nazizeit und Krieg an diesen Ort zurück. Es wird ihn niemand dazu genötigt haben. Vielleicht war sein Motiv, noch einmal die Luft jenes Raumes atmen zu wollen, die „fade Dämmerung" noch einmal erleben zu wollen, weil dies Teil seines Lebens geworden ist, Teil der Vor-Geschichte seiner Gegenwart – und niemand kann sie löschen. Fragte heute jemand, wer Günther Weisenborn war, so müsste man ihm diese Geschichte erzählen. Sie sagt mehr als eine Sammlung von Daten und Fakten, obwohl sie auch dies ist.

Mit Hilfe eines anderen Autors lässt sich die Perspektive verändern. Wir neigen im alltäglichen Sprachgebrauch leicht dazu, das Erinnern nur als eine rückwärts gewandte Bewegung anzusehen. Dann ist Erinnern der Gang ins Gestern. So ist, mindestens vorrangig, Günther Weisenborns Gang ins Gefängnis von damals zu verstehen. Aber Erinnern ist nicht eindimensional, sondern es ist mehrdimensional. Hintergründig gehört das auch zu Weisenborns Gefängnisszene. Wer sich erinnert, lernt oftmals sich und seine Gegenwart besser verstehen, und zugleich bekommen gerade dadurch die Erinnerungen ihre eigene Farbe. Das kann man zum Beispiel bei dem amerikanischen Autor *Philip Roth* beobachten. Er nennt sein Buch eine wahre Geschichte: „Mein Leben als Sohn."

Es ist die vielschichtige Geschichte der Beziehung zwischen einem erwachsenen Sohn und seinem todkranken Vater. Die Folie der Erzählung ist die jüdische Herkunft der Familie. Aber die Beziehung zur jüdischen Religion im vollen Sinne des Wortes, also etwa zur Synagoge und ihrem Gottesdienst, ist sparsam, wenn nicht abgestorben (mindestens beim Sohn). Das ändert jedoch gar nichts daran, dass das Leben der Familie durch und durch von abgesunkenen jüdischen Traditionselementen bestimmt wird. Das beginnt beim Rollenverständnis des Sohnes gegenüber dem Vater, es zeigt sich im Selbstverständnis des Vaters, und es wird besonders deutlich in der dominanten Rolle, die das Motiv des Erinnerns im ganzen Buch spielt. Ein Beispiel ist die Episode mit dem Rasiernapf:

> „Auf den offenen Regalbrettern … entdeckte ich (erzählt der Sohn) den Rasiernapf, der einmal meinem Großvater gehört hatte; darin bewahrte mein Vater sein Rasierzeug und eine

> Tube Rasiercreme auf. Der Napf war aus blassblauem Porzellan; ein zartes Blumenmuster umschloß eine breite, weiße Fläche auf der Vorderseite, und auf dieser Fläche stand der Name ‚S. Roth' und das Datum ‚1912' in verblassten gotischen Buchstaben geschrieben. Von ein paar Schnappschüssen abgesehen war der Napf, soweit ich wusste, unser einziges Familienerbstück, das einzig Anfassbare aus den Jahren nach der Einwanderung in Newark … Er hatte mich immer fasziniert, schon seit mein Großvater einen Monat vor meinem siebten Geburtstag gestorben und der Napf in unser Newarker Badezimmer geraten war, damals, als mein Vater sich noch mit Rasierpinsel und -seife rasierte."

Der Zufallsfund eines Rasiernapfes löst die Kette der Erinnerungen aus: vom Sohn über den Vater zum Großvater. Und der Sohn (genauer: der Enkel) begibt sich in den Strom der Erinnerungen an den Großvater. Fast möchte man sagen: Genießerisch läßt er sich von den Erinnerungen an den lange toten Großvater forttragen – Erinnerungen an einen Großvater, den er kaum gekannt haben kann, denn er starb noch vor seinem siebenten Geburtstag.
Da heißt es:

> „Der Napf strahlte die Aura eines archäologischen Fundes aus, eines frühen Gebrauchsgegenstandes, der auf ein unerwartetes Niveau kultureller Verfeinerung schließen ließ, auf einen erstaunlichen Überfluss in einer ansonsten eingeschränkten und kärglichen Existenz – in

unserem gewöhnlichen kleinen Newarker Badezimmer übte er auf mich die Wirkung einer griechischen Vase aus, auf der die mythischen Ursprünge der Rasse abgebildet waren.
Was mich 1988 an dem Napf so erstaunte, war die Tatsache, dass mein Vater ihn nicht weggeworfen oder fortgegeben hatte."

Lange nach dieser Episode, nach der Zufallsentdeckung des Rasiernapfes durch den Sohn, nach dem Erinnerungsstrom und der Fülle der Assoziationen, die der Fund ausgelöst hat, lange danach, der Vater ist inzwischen schwer erkrankt, besucht der Sohn wiederum den Vater. Von dem Rasiernapf war vermutlich in der Zwischenzeit nie wieder die Rede. Aber:

„Als ich aufbrach, um nach New York zurückzufahren, ging der Vater ins Schlafzimmer und kam mit einem kleinen Päckchen für mich zurück. Der Inhalt war in ein paar heftig zerknüllte braune Papiertüten gestopft und dann mit verschieden langen Klebestreifen zusammengebunden worden, von denen die meisten in sich verdreht waren … Ich identifizierte die Verpackung als sein Werk, und ich erkannte ebenso seine Schreibarbeit – mit einem Magic Marker hatte er in ungleichmäßigen Großbuchstaben auf die oberste Schicht der Verpackung geschrieben: ‚Von einem Vater für seinen Sohn.' ‚Hier', sagte er, ‚nimm das mit nach Hause.'

Unten im Auto riss ich all die Umhüllungen ab und fand meines Großvaters Rasiernapf."

Oft – oder vielleicht immer? – brauchen Erinnerungen Träger, Auslöser. Sie wollen Haftflächen haben. Sie bleiben oder sie werden wieder wach, wo der Erinnernde etwas be-greifen kann. Hier ist es ein Rasiernapf. Bei anderen werden es andere Gegenstände sein, ein Bild oder ein Buch, ein Glas oder ein Stein, der auf dem Schreibtisch lag. Der materielle Wert spielt überhaupt keine Rolle. Wie schön, dass man dies von einer entscheidenden Dimension unseres Lebens sagen kann.
Eine andere wesentliche Komponente des Erinnerns ist für Philip Roths Vater das Erzählen. Auch das ist genuin jüdisch gedacht. Erinnern heißt erzählen. Im Erinnern erfährt der Erzähler etwas von seiner Identität. Der Vater war, trotz Alter und Krankheit, ein nimmermüder Erzähler. Erzählend fand er sich. Und so erzählte er jedem, dem er begegnete, ob der's hören wollte oder nicht, seine Geschichten, „weitschweifige Geschichten" – wie der Sohn anmerkt –, „Geschichten fast ohne Pointe für jemanden, der außerhalb der Familie aufgewachsen war, und, so möchte man annehmen, selbst für ihn (den Vater) inzwischen reichlich abgeleiert." Aber es ging ja auch gar nicht um Spannung oder etwa um Neuigkeiten. Es ging um erinnertes Leben, bis hin zu einer Komik, die weniger in den Tatsachen lag, sondern eher durch die Art des Erzählens entstand. Sie wird den Zuhörern bewusster geworden sein als dem Erzähler.
Der Sohn berichtet:

> „Er rezitierte Abend für Abend, und nicht mit weniger Frische als Yul Brynner, wenn er in ‚The King and I' zum viertausendsten Mal, ‚Tis

> a Puzzlement' sang. Jeden Abend saß Claire am Küchentisch und hörte zu, der Kopf sank ihr vor Langeweile, doch sie war keineswegs unbeeindruckt von der Konsequenz, mit der sich diese mäandernde Saga entfaltete, oder von dem hypnotischen Bann, in dem das irdische Schicksal einer gewöhnlichen Einwandererfamilie ihn in seinem siebenundachtzigsten Lebensjahr immer noch zu halten schien. Wie sein dahingegangener Bruder Charlie, der 1936 gestorben war, im Jahre 1912 heiratete; wie Charly, nachdem Fanny vierzehn Jahre später gestorben war, Sophie Lasker heiratete; wie Sophie Milton, Rhoda, Kenny und Jeanette zur Welt brachte ..."

Und so weiter ohne Ende. Kein Verwandter wird ausgelassen, bis hin zu Onkel Klein, der einen Kiosk hatte „an der Ecke Avon Avenue – nein, Clinton Avenue, Clinton und Hunterdon Street." Philip Roth, der Sohn, deutet diesen Rede- und Erinnerungsstrom, den Hintergrund der jüdischen Geschichte bedenkend, völlig zutreffend: „Es war sein Deuteronomium, die Geschichte seines Israel", und damit bezieht er sich auf eben jenen bekenntnishaften Abschnitt aus dem fünften Buch Mose, von dem ich anfangs ausgegangen bin. Seine Erinnerungen waren „sein heiliger Text."
Der Sohn dazu:

> „... wenn meine Mutter ihm zu erklären gewagt hatte, weshalb ein völlig Fremder sich vielleicht nicht für Charlies Schuhgeschäft in der Belmont Avenue oder Morris' Filmtheater

> neben der Schnürsenkelfabrik in der Pacific Street interessierte, schien er das niemals zu verstehen oder verstehen zu wollen. All die Verluste und der Wiederaufbau und die Erneuerung, all diese *Menschen*, all das *Sterben*, all ihre *Arbeit* – wie konnte da jemand nicht berührt, ja, nicht ebenso ehrfurchtsvoll sein wie er angesichts dessen, was unsere Roths in Amerika durchgemacht und überdauert hatten."

Menschenschicksale, das Sterben so vieler Weggefährten und deren Arbeit – das sind die drei großen Haftpunkte der Erinnerungen, die der Vater immer wieder ausbreiten muss. Ohne diese Erinnerungen verlöre er den eigenen Ort im Leben.
Noch in der letzten Lebensphase des todkranken Vaters geht das nunmehr nach innen gewendete Gespräch zwischen Vater und Sohn weiter. Es findet in den Träumen des Sohnes statt. Ein Schatten fällt darauf, als der Vater erfährt, dass der Sohn ihm, um ihn zu schonen, eine eigene schwere Erkrankung zeitweilig verheimlicht hat. Drei Wochen vor seinem Tod sagt der Vater zum Sohn:

> „*‚Ich hätte dort sein sollen'*, sagte er mit brechender Stimme, wobei die Worte kaum noch Worte waren, so hatte die Lähmung seinen Mund zugerichtet. ‚Ich hätte dort sein sollen!' wiederholte er, diesmal voller Zorn.
> Er meinte, im Krankenhaus an meiner Seite."

Als der Tod unmittelbar bevorsteht, muss der Sohn entscheiden, ob der Vater an eine Beatmungsmaschine angeschlossen werden soll. Der Sohn bittet den Arzt darum, ihn mit dem Vater allein zu lassen. Er sieht das Elend und die Qualen des Vaters. Er hat auch die Qualen zeitweiligen Weiterlebens mit der Beatmungsmaschine vor Augen:

> „Ich sah das alles, alles, und dennoch musste ich eine sehr lange Zeit dort sitzen, ehe ich mich zu ihm hinbeugte, so nahe ich konnte, um es schließlich, die Lippen an seinem eingesunkenen, zerstörten Gesicht, über mich zu bringen zu flüstern: ‚Dad, ich muss dich wohl gehen lassen.' Er war seit einigen Stunden nicht mehr bei Bewusstsein und konnte mich nicht hören, doch erschüttert, erstaunt und weinend wiederholte ich ihm das immer wieder, bis ich es selbst glaubte."

Der Sohn lässt den Vater gehen. Er begleitet ihn bis an die Schwelle.

> „Ich sagte alle möglichen Dinge zu ihm, die er nicht mehr wahrnehmen konnte. Zum Glück gab es nichts, was ich an jenem Morgen zu ihm sagte, das er nicht schon wußte ..."

Welch ein Glück, wenn das Lebensgespräch mit dem Sterbenden so weit gediehen war, dass die letzte Stunde ohne „Reste", ohne „Rückstände", wenn man so sagen darf, vergehen kann.
Die Träume des Sohnes gehen auch nach dem Tod des Vaters weiter. Träume, randvoll mit Erinnerungsbildern. Und der Sohn weiß, dass er zumindest in seinen Träumen „ewig als sein kleiner Sohn leben würde, mit dem Gewissen eines kleinen Sohnes, so

wie er dort lebendig bleiben würde nicht nur als mein Vater, sondern als *der* Vater, der zu Gericht sitzt über alles, was immer ich tue. Du sollst nichts vergessen."

So endet die Geschichte eines Sohnes und seines Vaters. Man kann sich der Bewegung des Sohnes, seiner Intensität des Gedenkens und Erinnerns schwer entziehen. Und doch muss man zugleich sagen: Erinnern und Gedenken hat auch andere Formen und Wege. Es wird immer auch Lebensgeschichten zwischen Vätern, Müttern, Töchtern und Söhnen geben, in denen die Realitäten anders als bei Philip Roth aussehen. Es wird nicht jeder denken oder auch nur wollen können, dass erinnern für ihn heißen soll: Der Vater bleibt der, „der zu Gericht sitzt über alles, was immer ich tue." Wer könnte dies sagen, wenn der Vater sich ein Leben lang als einer dargestellt hat, der herrscherlich über seine Kinder „zu Gericht" saß? Es gibt Lebensgeschichten, in denen das Erinnern zu einer Befreiungsgeschichte werden muss. Nicht nur darf, sondern muss. Erinnern ist vielschichtig. Es geht nicht auf in der Pflege einer stilisierten Vergangenheit, sondern es schließt die ehrliche Auseinandersetzung mit eben dieser Vergangenheit ein – und gegebenenfalls auch den Schlussstrich unter sie. Nur darf man darüber nicht vergessen: Auch diese Vergangenheit bleibt prägender Teil der künftigen Lebensgeschichte. Auch die kritische Erinnerung bleibt Erinnerung.

Erinnerung der Leiden

Der Traum von morgen hebt die Notwendigkeit der Erinnerung an das, was gestern war, nicht auf, erst recht nicht der Erinnerung an das, was Menschen durch Menschen erlitten haben.

Die zweite Novemberhälfte ist in Deutschland die Zeit der dunklen Gedenktage. Das Gedenken der Leiden braucht Haftpunkte im Jahreslauf. Erst der Volkstrauertag, eine Woche später der Totensonntag. Der Volkstrauertag ist in der Bundesrepublik 1952 zum Gedenken an die Opfer beider Weltkriege, Soldaten ebenso wie Zivilisten, Männer, Frauen, Kinder eingeführt worden, und sehr bald wurden auch die Opfer des nationalsozialistischen Terrors einbezogen. Der Vorgänger des Volkstrauertags war von 1934 bis 1945 der von den Nazis etablierte „Heldengedenktag", der ausschließlich dem Gedenken der gefallenen Soldaten (des Ersten Weltkriegs) gewidmet war. Man wird nicht ausschließen können, dass in den Köpfen mancher Veteranen bis heute der Volkstrauertag mit dem „Heldengedenktag" unseligen Angedenkens verwechselt wird.

Gustav Heinemann hat mit der ihm eigenen Nüchternheit am 17. November 1969 wohltuend klar die Doppelaufgabe der Erinnerung am Volkstrauertag benannt: „Es geht heute darum, die Kriegstoten und die Opfer der Gewaltherrschaft" der Nationalsozialisten in gleicher Weise in das Gedenken einzubeziehen, denn: „Was wir erlebt haben, ist doch dieses: Solange deutsche Soldaten im Zweiten Weltkrieg draußen die Front zu halten vermochten, lief ungestört die Mordmaschine des Dritten Reiches." Daraus folgt der innere Widerspruch des Kriegsendes. Für die einen, die Soldaten, war es die Niederlage, für die anderen, die Opfer von Terror und Gewaltherrschaft, war es die Erlösung, die Befreiung. Das ist der Zwiespalt dieses Gedenktages. Daraus entsteht die Doppelaufgabe: das Totengedenken für die Soldaten, wenn's geht, ohne sie zu Helden zu stilisieren – und die Ehrung der Opfer der Gewalt, ohne Ansehen der Person oder der Nationalität oder der Religion.

Die Gefahr allen Erinnerns ist die Verklärung. Vielleicht gilt dies nirgends so sehr wie bei der Erinnerung an die gefallenen Soldaten der beiden Weltkriege. Die bedenkenlos verteilten Klischees Tapferkeit, Mut oder Heldentum machen nur zu oft vergessen, dass hier Taten gepriesen werden, die andere Mitmenschen mit ihrem Leben bezahlt haben. Wenn jemand einen verwundeten Kameraden unter Lebensgefahr aus dem Kugelhagel herausgeschleppt hat, um sein Leben zu retten, das nenne ich gern mutig und tapfer. Aber ist es heldenhaft, Flugzeuge abzuschießen, Schiffe zu versenken oder Städte zu bombardieren, ohne danach zu fragen, wie viele Menschenleben dabei ausgelöscht werden? Mein Thema ist hier nicht, ob Kriege sein sollen oder nicht, auch nicht, ob man im Krieg auf andere Menschen schießen darf oder nicht. Aber ich wehre mich dagegen, wenn am Volkstrauertag das Töten heroisiert wird. Andere zu töten, ist nicht heroisch. Andere zu töten, ist im Krieg ebenso schlimm wie im Frieden.

Der toten Soldaten beider Kriege gedenken, heißt: daran erinnern, dass der Tod von Soldaten Leid bringt, Leid für ungezählte Menschen, und dies nicht, weil Soldaten Helden sind, sondern Menschen, die auf sogenannten höheren Befehl sterben mussten. Wer so sterben muss, ist immer ein Toter zuviel. Darum gilt es zu trauern.

Der jüdische Historiker *Saul Friedländer*, Professor an der Universität Tel Aviv, hat, als ihm der Geschwister-Scholl-Preis verliehen wurde, die Problematik des Erinnerns und Gedenkens angesichts der ambivalenten deutschen Geschichte präzisiert. Für ihn steht fest: Keine Gesellschaft, auch nicht eine normale, ist „eine Gesellschaft ohne Erinnerung, eine, die sich der Trauer entzieht, eine, die sich von der eigenen Vergangenheit abwendet, um nur noch in der Gegenwart und Zukunft zu leben ... Jede Gesellschaft gedenkt traditionell ihrer ... Toten, einschließlich der Opfer von Kriegen, auch wenn es Kriege sind, mit deren Zielen man sich nicht identifizieren kann." Aber es gibt Fälle, die ragen derart aus allen traditionellen Regeln heraus, dass auch die herkömmlichen Formen des Gedenkens gesprengt werden. Dies gilt fraglos für die Ausrottungskriege der Nazis und für ihre organisierten Mordkampagnen gegenüber anders denkenden, anders glaubenden, anders rassigen Menschen. Für Saul Friedländer stellt sich hier die Aufgabe, „dass eine vollkommen normale Gesellschaft einer vollkommen unnormalen Vergangenheit auf außergewöhnliche Weise" gedenken muss. Er macht dafür in Anlehnung an die Gedenkwand für die amerikanischen

Gefallenen des Vietnamkrieges in Arlington und an das von Serge Klarsfeld herausgegebene Erinnerungsbuch an etwa zweitausend deportierte jüdische Kinder einen Vorschlag:

> „Könnte man nicht für eine Wand oder Platte aus Stein oder Stahl ... die Namen von ermordeten Kindern auswählen, ergänzt durch die wenigen biographischen Daten, die für jedes von ihnen vorliegen mögen? Die Beschränkung auf Kinder – das heißt auf das Symbol der Unschuld – ist dabei keineswegs als wohlfeiles Mittel für die Schürung von Emotionen gedacht, sondern als Anstoß für künftige Generationen, sich den Geschehnissen anhand ihrer extremsten Auswüchse zu nähern."

Ein solches Monument würde der Erinnerung Namen geben. Es würde „Stimmen, die Namen rufen, zum Klingen bringen." Friedländer meint das ganz konkret, aus der Perspektive heutiger Kinder:

> „Könnte man sich nicht vorstellen, dass eines Tages deutsche Kinder, die vor einer solchen Wand oder Platte stehenblieben, sich fragten: Warum musste dieses Kind im Alter von nur sieben Jahren sterben, warum dieses andere mit drei Jahren? Warum wurden diese Kinder von der Insel Rhodos abtransportiert, warum jene aus Norwegen, aus Warschau, aus fast allen Ländern Europas, aus Berlin, Düsseldorf, Köln oder München, um dann an weit entfernten Orten getötet zu werden?"

Johann Baptist Metz hat ein großes Kapitel über „Zukunft aus dem Gedächtnis des Leidens" geschrieben. Ich hebe einige Aspekte seines Gedankenganges heraus:
Metz gebraucht „Erinnerung" in einem sehr gefüllten Sinn, also im Gegensatz zum üblichen Sprachgebrauch, nach dem die Erinnerung „verklärt", was schmerzlich war, die Menschen in die „gute alte Zeit" entführt. Erinnerung ist weder Idylle noch Paradies. Sie ist schon gar nicht das Vorrecht der alten Krieger, in deren Erzählungen die Leiden des Krieges mit Heldentum übermalt werden.
Gegen solche Verharmlosung der Vergangenheit setzt Metz eine andere Form der Erinnerung: „gefährliche Erinnerungen, Erinnerungen, die herausfordern. Erinnerungen, in denen frühere Erfahrungen aufblitzen und die neue, gefährliche Einsichten für die Gegenwart aufkommen lassen. Sie beleuchten für Augenblicke grell und hart die Fraglichkeit dessen, womit wir uns längst abgefunden haben ... Solche Erinnerungen sind wie gefährliche und unkalkulierbare Heimsuchungen aus der Vergangenheit."
Daraus folgt: Solche Erinnerungen sind vor allem andern Erinnerung des Leidens. Sozusagen die Basiserinnerung ist die Erinnerung des Leidens Jesu, also des Leidens eines im irdischen Sinne Gescheiterten, des Leidens eines, den die Mächtigen seiner Zeit, auch die Religions-Mächtigen, zu Fall gebracht haben. Aber mit dieser einen exemplarischen Leidensgeschichte sind untrennbar verbunden die ungezählten Leidensgeschichten quer durch die Geschichte, eingebettet in die konkrete Vielfalt menschlichen Lebens. So gewinnt die Geschichte als „erinnerte Leidensgeschichte" die Gestalt „gefährlicher

Überlieferung". An die Stelle der gängigen Erfolgsgeschichten, die das Leiden ausblenden, treten die wahren Geschichten menschlichen Lebens, die Geschichten der Besiegten und Verfolgten, die Geschichten der Zu-Kurz-Gekommenen, der Hungernden, der Frierenden. Es „wäre von entscheidender Bedeutung, eine Art Antigeschichte zu ‚erzählen', aus dem Gedächtnis des Leidens. Dies wäre ein Geschichtsverständnis, in dem immer auch die besiegten und zerstörten Alternativen bedacht würden: Geschichte ex memoria passionis als: Geschichte der Besiegten." Dies heißt auch, sich der Herausforderung der Toten zu stellen. „Es gibt einen unabgegoltenen Sinn der Toten, der bereits Besiegten und Vergessenen. Das Sinnpotential der Geschichte hängt nicht nur an den Überlebenden, an den Erfolgreichen und Durchgekommenen! ‚Sinn' ist eben keine den Siegern reservierte Kategorie!"

So können erinnerte Leidensgeschichten als gefährliche Erinnerungen von den gefährlichen Alltagsirrtümern, denen wir so leicht aufsitzen, befreien.

Es ist nur folgerichtig, wenn Metz von diesem Gedankengang aus zu dem Schluss kommt, dass die Trennung zwischen einer irdisch-menschlichen Leidensgeschichte einerseits und einer göttlichen Leidensgeschichte andererseits unhaltbar ist. „Heilsgeschichte" ist vielmehr Weltgeschichte, in der den unterlegenen und verdrängten Hoffnungen und Leiden ein Sinn eingeräumt wird. Heilsgeschichte ist jene Weltgeschichte, in der den besiegten und vergessenen Möglichkeiten menschlichen Daseins, die wir ‚Tod' nennen, ein Sinn in Aussicht gestellt wird, der durch den Ablauf künftiger Geschichte nicht widerrufen oder aufgehoben wird.

Dieser Gedankengang von Johann Baptist Metz bietet sich an als ein Fundament aller Überlegungen zum Gedenken und Erinnern, ein Fundament für das gesellschaftliche Leben ebenso wie für die Kirchen.

Will man die Motive des Gedenkens und Erinnerns, zumal der Leiden des Kriegs oder der Verfolgung durch verbrecherische Regime, in konkreten Situationen vor Augen führen, so bieten sich Gedenkreden an. Ich wähle zwei Reden aus, von *Theodor Heuss* und von *Richard von Weizsäcker*, zwei Bundespräsidenten, deren rhetorisches Format sicher unstrittig ist.
Exemplarisch für das Thema „Erinnerung der Leiden" ist Theodor Heuss' Rede anlässlich der Einweihung des Mahnmals für die Opfer des Vernichtungslagers in Bergen-Belsen im November 1952. Es ist eine Rede gegen die Verdrängung dessen, was geschehen ist. Ihr Grundton lautet: „Wir Deutschen wollen, sollen und müssen, will mir scheinen, tapfer zu sein lernen gegenüber der Wahrheit, zumal auf einem Boden, der von den Exzessen menschlicher Feigheit gedüngt und verwüstet wurde."
So beginnt Heuss. Hier ist kein Wort falsch und kein Wort zuviel. Hier ist, in einem Satz, die Pflicht zur Erinnerung benannt. Und dies zu einer Zeit, sieben Jahre nach Kriegsende, als die Verlockung, von nichts etwas gewusst zu haben, oder auf „die anderen" und ihre Unrechtstaten zu verweisen, noch größer war als bei den nachwachsenden Generationen. Dagegen setzt Heuss: „Die Völker, die hier die Glieder ihres Volkes in Massengräbern wissen, gedenken ihrer, zumal die durch Hitler zu einem volkhaften

Eigenbewusstsein schier gezwungenen Juden. Sie werden nie, sie können nie vergessen, was ihnen angetan wurde; die Deutschen dürfen nie vergessen, was von Menschen ihrer Volkszugehörigkeit in diesen schamreichen Jahren geschah." Das sind Worte, die sich der bleibenden Erinnerung der Leiden nicht nur nicht entziehen, sondern die sie zur moralischen Pflicht machen. Wir „dürfen nie vergessen". Darum scheut sich Heuss auch nicht, die Anatomie des Verbrecherischen so genau wie möglich zu benennen: „Von religiösem Fanatismus konnte nach 1933 nicht die Rede sein. Denn den Verächtern der Heiligen Schriften des Alten und des Neuen Bundes, den Feinden aller religiösen Bindungen war jedes metaphysische Problem denkbar fremd. Und das Sozialökonomische reicht nicht aus, wenn es nicht bloß an Raubmord denkt. Aber das war es nicht allein. Im Grunde drehte es sich um etwas anderes. Der Durchbruch des biologischen Naturalismus der Halbbildung führte zur Pedanterie des Mordens als schier automatischer Vorgang, ohne das bescheidene Bedürfnis nach einem bescheidenen quasi moralischen Maß. Dies gerade ist die tiefste Verderbnis dieser Zeit. Und dies ist unsere Scham, dass sich solches im Raum der Volksgeschichte vollzog, aus der Lessing und Kant, Goethe und Schiller in das Weltbewusstsein traten. Diese Scham nimmt uns niemand, niemand ab." Mit der Kategorie der Scham – auch der Begriff der Kollektivscham statt Kollektivschuld stammt von Heuss –, trägt man sie in die viel späteren Überlegungen von Johann Baptist Metz zur „Erinnerung der Leiden" ein, wird der Überlegungsgang von Metz um ein wesentliches Element erweitert. Die Erinnerung an die unsäglichen Leiden ungezählter

Menschen, die Erinnerung als Verpflichtung, wird noch einmal etwas anderes, wenn sie sich mit der Scham für die verbindet, die die Urheber der Leiden waren – und diesen oder jenen haben ja die Älteren unter uns noch gekannt. Bei den einen war es ein Nachbar, bei den anderen ein naher Verwandter.
Theodor Heuss schließt mit den Sätzen: „Da steht der Obelisk, da steht die Wand mit den vielsprachigen Inschriften. Sie sind Stein, kalter Stein. Saxa loquuntur, Steine können sprechen. Es kommt auf den Einzelnen, es kommt auf dich an, daß du ihre Sprache, dass du diese ihre besondere Sprache verstehst, um deinetwillen, um unser aller willen."
Über dreißig Jahre später hat Richard von Weizsäcker in seiner Gedenkrede zum vierzigsten Jahrestag der Beendigung des Zweiten Weltkriegs mit anderen Worten denselben Ton angeschlagen wie Theodor Heuss in Bergen-Belsen.
Weizsäcker setzt, wie so oft in seinen Reden, sehr elementar ein: „Der 8. Mai ist ein Tag der Erinnerung. Erinnern heißt, eines Geschehens so ehrlich und rein zu gedenken, dass es zu einem Teil des eigenen Innern wird. Das stellt große Anforderungen an unsere Wahrhaftigkeit." Nach einigen Zwischenschritten kommt Weizsäcker dann zum Zentrum seiner Rede:

> „Wir alle, ob schuldig oder nicht, ob alt oder jung, müssen die Vergangenheit annehmen. Wir alle sind von ihren Folgen betroffen und für sie in Haftung genommen." Das ist die Kernaussage, die in den folgenden Sätzen Schritt für Schritt auseinandergelegt wird. Da heißt es:

> „Jüngere und Ältere müssen und können sich gegenseitig helfen, zu verstehen, warum es lebenswichtig ist, die Erinnerung wachzuhalten. Es geht nicht darum, Vergangenheit zu bewältigen. Das kann man gar nicht. Sie lässt sich ja nicht nachträglich ändern oder ungeschehen machen. Wer aber vor der Vergangenheit die Augen verschließt, wird blind für die Gegenwart. Wer sich der Unmenschlichkeit nicht erinnern will, der wird wieder anfällig für neue Ansteckungsgefahren."

Nach dieser Grundorientierung wendet sich der Redner der schwierigsten Seite seines Themas zu: dem Schicksal der Juden, der Verfolgung und dem Tod der Juden durch Deutsche. Er sagt:

> „Das jüdische Volk erinnert sich und wird sich immer erinnern. Wir suchen als Menschen Versöhnung. Gerade deshalb müssen wir verstehen, dass es Versöhnung ohne Erinnerung gar nicht geben kann. Die Erfahrung millionenfachen Todes ist ein Teil des Innern jedes Juden in der Welt, nicht nur deshalb, weil Menschen ein solches Grauen nicht vergessen können. Sondern die Erinnerung gehört zum jüdischen Glauben. Das Vergessenwollen verlängert das Exil, und das Geheimnis der Erlösung heißt Erinnerung …"

In dieser Weisheit aus dem Talmud ist für den Juden eine Grunderfahrung ausgesprochen, die Erfahrung vom Wirken Gottes in der Geschichte:

„Diese Erfahrung schafft Hoffnung, sie schafft Glauben an Erlösung, an Wiedervereinigung des Getrennten, an Versöhnung. Wer sie vergisst, verliert den Glauben. Würden wir unsererseits vergessen wollen, was geschehen ist, anstatt uns zu erinnern, dann wäre dies nicht nur unmenschlich. Sondern wir würden damit dem Glauben der überlebenden Juden zu nahe treten, und wir würden den Ansatz zur Versöhnung zerstören. Für uns kommt es auf ein Mahnmal des Denkens und Fühlens in unserem eigenen Inneren an."

Theodor Heuss sprach bei der Weihe des Obelisk, des steinernen Mahnmals in Bergen-Belsen, Richard von Weizsäcker spricht vom Mahnmal des Erinnerns in unserem eigenen Inneren. Beiden geht es um dasselbe: um bleibende Erinnerung der Leiden.
Solche Erinnerung fordert dauerhaft den Mut und die Kraft, die Wahrheit zu ertragen. Darum schließt Weizsäcker mit einem Satz, der den Anfang seiner Rede wieder aufnimmt: „Schauen wir ..., so gut wir es können, der Wahrheit ins Auge."

Große öffentliche Reden und die Tatsache, dass es des Volkes Trauertag sein soll, dürfen nicht verdecken, dass es auch individuelles Gedenken gibt. Das werden meist sehr persönliche Formen der Erinnerung sein. Aber es gibt auch Beispiele für deren Dokumentation. Dazu gehört *Hilde Domins* kleiner Essay „Mein Vater. Wie ich ihn erinnere."
Hilde Domin, bedeutende Lyrikerin, kehrte 1954 aus der Emigration nach Deutschland, in das Land ihrer

Sprache, zurück. Die Flucht hatte sie erst nach Italien, dann nach England und Amerika und schließlich in die Dominikanische Republik geführt. Ihre jüdische Herkunft vertrieb sie wie ihre Eltern aus Deutschland. Sie beginnt erst spät zu schreiben. Die ersten Gedichte stammen aus dem Jahr 1951, als sie noch in der Dominikanischen Republik ist. Der Text über den Vater, einen angesehenen Anwalt, stammt aus dem Jahr 1968. Im Rückblick auf ihre Kindheit heißt es dort:

> „Ich hatte keine ‚repressive' Kindheit, im Gegenteil. Mein Vater warf keinen dunklen Schatten … Ich durfte immer, ohne Angst, die Wahrheit sagen. (Eine fatale Sache, ich habe das Lügen, trotz aller Bemühungen, nie richtig gelernt. Das ist die Schuld meiner Eltern, und sicher ganz besonders die meines Vaters. Wäre er anders gewesen, hätte zumindest meine Mutter mir das Lügen beigebracht. Sie hätte das Zeug dazu gehabt. Aber es ergab sich nicht, ganz einfach.)"

Die sich anschließende Charakteristik beider Eltern macht das Bild noch plastischer:

> „Meine Mutter hatte ein Temperament, das war des Bombenwerfens fähig. Sie war auch der Ungerechtigkeit fähig. Mein Vater nicht. Manchmal, selten treffe ich noch einen Menschen, der so unelastisch und so aufrichtig und des Bösen – und noch der Hypothese des Bösen – so unfähig ist wie er. Es ist eine große Würde in den Menschen, die so rechtschaffen

sind, dass das Opportune sich ihnen nicht einmal zur Debatte stellt. Und auch eine große – eine bewundernswerte – Hilflosigkeit."

In den letzten Worten deutet sich an, was die Lage des Vaters in der Emigration bis zu seinem Tod bestimmen wird – eine Lebenssituation, erst in England, dann in Amerika, die alle Selbstverständlichkeiten des Lebens außer Kraft setzen sollte:

> „Mein Vater war das Selbstverständliche, solange das Leben für mich selbstverständlich war ... Das wurde anders, als die Selbstverständlichkeit aufhörte. Als meine Eltern flüchteten und mein Vater die erste und einzige gesetzwidrige Handlung seines Lebens beging: An ihrem Silbernen Hochzeitstag machten meine Eltern einen Ausflug an die belgische Grenze, mit der Straßenbahn. Dann ein kleiner Spaziergang, und sie waren draußen. Das war kurz nachdem die jüdischen Rechtsanwälte auf Müllwagen in schimpflicher Weise durch Köln gefahren wurden, wovor mein Vater bewahrt geblieben war, man hatte ihn gewarnt ...
> Damals begann für meinen Vater das Leben ohne Beruf, in einem Mietzimmer mit meiner Mutter, ein tägliches Examen im Unnützsein, das er kaum vor sich selbst bestehen konnte ... Längere Zeit war er am Rande des Selbstmordes."

Noch hat der Krieg nicht begonnen, aber der Abbruch des bisherigen Lebens ist vollzogen. Dann der

Kriegsausbruch und eine Szene zwischen Vater und Tochter, die die endgültige Peripetie des Lebens des Vaters bewegend zum Ausdruck bringt. Die Tochter schreibt:

> „Am Tag des Kriegsausbruchs … war ich zufällig einen Augenblick allein mit meinem Vater. Es war im Zimmer der Eltern. Plötzlich umarmte er mich, schluchzend zog er mich an sich, und wir lagen auf seinem Bett: Ich fühlte seinen Körper, wie er bebte vor Weinen. Nie zuvor hatte mein Vater mich überhaupt umarmt. Und nie zuvor – so schien es mir und so scheint es mir noch – hatte ich ihn weinen sehen. Er weinte meinetwegen. Weil er mich nicht beschützen konnte. ‚Ich kenne ihn gar nicht', dachte ich, als ich in seinen Armen lag. ‚Er ist jemand ganz anderes.' Einen Augenblick lang regte es mich mehr auf als der Krieg, oder doch mindestens so sehr."

Die Flucht vor den Nazis wird zur Flucht vor dem Krieg. Nach England ist Amerika die nächste Station. Ein Jahr später war der Vater tot. Hilde Domin hat ihn nie wieder gesehen:

> „Eines Tages kam ein Bekannter zu mir und sagte mit unbehaglicher Stimme: ‚Haben Sie von Ihrem Vater gehört?' Ich hatte gerade einen Brief von ihm auf dem Tisch, die Briefe gingen eine Woche. Er war schon tot … Wie ich später erzählt bekam, soll er sich bemüht haben, mit der Krankenschwester bis zur letzten Minute ein fehlerfreies Englisch zu sprechen.

> Dabei war er, bei aller Intelligenz, ganz unbegabt für Sprachen.
> Er hat kein Grab. Darüber kann ich nicht sprechen."

Hilde Domin schließt mit wenigen Sätzen, deren Aktualität sie vor dreißig Jahren nicht hat voraussehen können:

> „Es ist sicher leichter, an einen Vater zu denken, der verfolgt und dessen Leben zerstört wurde, als an einen, der Verfolger war. Oder der zusah, oder auch wegsah, als andere verfolgt wurden. Der Verfolgte hat, bei allem Leid, dies eine voraus: er ist dispensiert vom Dilemma der Verantwortung. *Seine* Wehrlosigkeit ist eine totale."

Vater unser (3)

Unser tägliches Brot gib uns heute
vergib uns unsere Schuld
wie auch wir vergeben
unseren Schuldigern

Geben und vergeben. Brot und Schuld. Zwei Perspektiven verschränken sich miteinander.

Zuerst die Bitte ums Brot. Sie ist von unüberbietbarer Reichweite. Das hat Martin Luther treffend ausgesprochen, natürlich in seiner Sprache, und doch so, als kennte er unsere Welt.

Im Großen Katechismus heißt es: „Dass wirs kürzlich fassen, so will diese Bitte mit eingeschlossen haben, was zu diesem ganzen Leben in der Welt gehört, weil wir allein um deswillen das tägliche Brot haben müssen. Nun gehört nicht allein zum Leben, dass unser Leib sein Futter und Decke und andere Notdurft habe, sondern auch, dass wir unter den Leuten, mit welchen wir leben und umgehen im täglichen Handel und Wandel und allerlei Wesen, mit Ruhe und Frieden hinkommen."

Hier ist also Brot nicht nur allgemeines Symbol des Lebens, sondern zugleich Symbol der Ordnung des Friedens, die allein Brot für alle ermöglicht. Darum sollen die Fürsten, sagt Luther weiter, in ihr Wappen „ein Brot setzen statt eines Löwen"!

Das wäre ein Ereignis, wenn die politisch-militärische Symbolik, mit der sich Herrschaft bei uns umgibt, durch das Symbol des Brotes ersetzt würde.

Eine Welt, die sich selbst in Friedenssymbolen darstellt, ist eine andere Welt als die der Machtsymbole, die wir von Staatsbesuchen und Paraden, von Wappen, Fahnen und Emblemen kennen.
Ehe ich diesen Satz zu Ende geschrieben habe, ist irgendwo in der Welt wieder ein Kind verhungert. Ehe ich den nächsten Satz beginne: ein weiteres Kind. Alle zwei Sekunden stirbt in der Welt ein Kind an Hunger. Wenn die Millionenzahlen Hungertoter, die uns die Statistiker sagen, unser Vorstellungsvermögen übersteigen, dann ist es wichtig, zur kleinen Zahl zurückzukehren: alle zwei Sekunden ein Kind …
Wie kann man da noch um Brot für sich selbst bitten? Wir sind in den Hungertod, der in unserer Welt gestorben wird, verstrickt. Dabei ist es natürlich nicht so, dass einer von uns absichtlich einen anderen Menschen verhungern ließe. Es geht nicht um individuelle Schuldzuweisungen.
Es ist viel schlimmer.
Unsere Welt hat – quer zu allen Ideologien! – eine wirtschaftliche und politische Ordnung, in der es Satte gibt und Verhungernde, obwohl auf dieser Erde Nahrung für alle ist. Und hier genau greift Luthers Auslegung: Es genügt in dieser Welt nicht, darum zu bitten, dass „unser Leib sein Futter habe", sondern mit der Brotbitte sagen wir zugleich und unüberhörbar: Diese Welt darf nicht bleiben, wie sie ist – um der ungezählten Hungertoten willen nicht, um des einen Kindes in der nächsten Sekunde willen nicht. So wird die Hoffnung auf Veränderung der Welt zum Inhalt des Gebets, zum Inhalt des Glaubens.
Und was können wir tun?
Im Kleinen gewiss manches. „Brot für die Welt", „Misereor", Patenschaften, Spenden bei Katastro-

phen. Aber wir müssen uns auch eingestehen: So lebenswichtig solche kleinen Schritte, die wir tun können und tun müssen, im Einzelfall sind, die Einteilung der Welt in Reiche und Arme, in Satte und Verhungernde ändert sich damit noch nicht.
Was können wir tun?
In der Antwort auf diese Frage entdecken wir einen Zug im Gebetsverständnis, auf den wir bisher noch nicht gekommen sind.
Was können wir tun?
Wir können dafür sorgen, mit unserem Mund und Herz und Hirn, dass die *Klage*, ja, auch die Anklage, über diesen Zustand unserer Welt, über diese Todesordnung so lange nicht verstummt, bis kein Mensch mehr verhungern muss. Die Kirche kann nicht das Geschäft der Weltregierung übernehmen. Aber sie könnte der Ort sein, an dem die Klage über das Elend von Hunger und Unfrieden so lange und so laut immer und immer wieder formuliert wird, bis sie auch die härtesten Herzen erreicht hat.
Das Gebet als Klage.
Ist das zu wenig? Nein, das ist nicht wenig, wenn wir nur den Mut haben, immer deutlich genug zu klagen.
Die Klage hat dennoch nicht das letzte Wort.
Der Mensch lebt nicht allein vom Brot zwischen seinen Zähnen. Aber ich füge sofort hinzu: Wer diesen Satz einem Hungernden sagt, der macht sich schuldig. Und doch gilt der Satz: Brot ist mehr als physische Nahrung, weil der Mensch mehr ist als Magen und Darm.
Wenn es im Gebet um das ganze Leben, um unser ganzes Menschsein geht, dann liegt in der Bitte um Brot – Brot als Symbol der Fülle des Lebens – immer auch dies:

Gib uns, was uns reich macht
über des Lebens Notdurft hinaus –
Gib uns nicht nur Nötiges und Nützliches,
sondern auch, was zwecklos ist –

Gib uns Farben, Töne, Worte –
Gib uns Bilder und Musik –
Gib uns Menschen zum Liebhaben –
Gib uns nicht nur Ernst und Tiefsinn,
sondern auch Gelächter und Schalk –
Gib uns nicht nur planenden Verstand,
sondern auch Phantasie und Empfindung –
Gib uns nicht nur Präsidenten und Professoren,
gib uns auch Clowns ...

Warum?
Weil wir so erst die Fülle des Lebens erfahren und auch so allein empfindsamer für die Not anderer werden. Das Brot des Lebens hat einen tausendfältigen Geschmack. Das Brot des Lebens – ich breche das Bild – hat einen tausendfältigen Klang. Was wären wir ohne diesen Reichtum?
Was wären wir ohne die, die uns solchen Reichtum hörbar machen?

Schuld vergeben und selber vom anderen Vergebung erfahren: Was ist das für ein Gottesbild, in dessen Zusammenhang von Vergebung die Rede ist? Wofür steht hier der Name Gottes?

Ich antworte mit ein paar Geschichten in Stichworten, die mancher kennen wird:

- Gott wird anschaubar im Bild eines Vaters, der seinem im Abseits gelandeten Sohn entgegenläuft und ihn umarmt, als dieser als Habenichts heimkehrt. Und die Heimkehr ist dem Vater ein Fest wert.
- Gott wird anschaubar im Verhalten Jesu, der betrügerische Zöllner und Huren für Gott näher hält, für Gottes bedürftiger, als die Frommen.
- Gott wird anschaubar im Bild eines Königs, der einem Untergebenen eine immense Schuld erlässt. Als der aber wiederum gegenüber seinem Untergebenen hart und fordernd bleibt, da wirft der König den ersten ins Gefängnis.

Die Reihe solcher Bildgeschichten ließe sich fortsetzen. Immer steht eins im Mittelpunkt:
Der Name Gottes steht dafür, dass Leben bewahrt wird. Er will, dass die Menschen weder an abstrakten Normen noch an ihrer Vergangenheit scheitern müssen. In der Sprache der Tradition heißt das: Barmherzigkeit. Diese Barmherzigkeit gilt zu allererst denen, die sie am nötigsten haben. Nicht den Perfekten, sondern denen am Rande, den gescheiterten Existenzen, denen, die die Norm nicht erfüllen. Darum war und ist die Botschaft Jesu von diesem Gott, von einem Gott, der so verstanden werden will, für manche Frommen ein Skandal. Aber den Namen dieses und keines anderen Gottes rufen wir an, wenn wir „Vater unser" sagen.
Uns liegt es sehr oft näher, in den Bahnen des Rechts zu denken. Das soll auch nicht einfach durchstrichen werden. Aber wir müssen aufmerksam dafür werden,

was wir da tun. Wir urteilen und richten. Wir verurteilen. Und wie oft zerbricht der Rechtsspruch das Leben? Nicht nur der Spruch vor Gericht, auch der in der Familie oder in der Gruppe oder in der Schulklasse. Weil das Recht diese Gefahr bei sich hat – auch da, wo wir es anwenden müssen –, darum gilt: Vergebung ist mehr als Recht. Denn Vergebung schafft Gerechtigkeit vor Gott, also in letzter Konsequenz. Das Recht aber kann immer nur der vorläufigen Gerechtigkeit unter Menschen dienen, es ist nicht identisch mit der Gerechtigkeit. Das Recht bedarf der Macht. Vergebung ist Liebe und will Liebe entzünden.

Es gibt noch eine Verschärfung der Situation. Dann heißt es: Wieso Vergebung? Ich habe von nichts gewusst – also kann ich gar nicht schuldig sein. Unschuldig bin ich.

Wir kennen die Argumentation aus politischen Zusammenhängen, aus politischen Umbrüchen und aus persönlichen Auseinandersetzungen, vor Gericht und im privaten Streit um die jeweiligen Folgen oder um die Wiedergutmachung, am Ende der verbrecherischen Hitlerzeit 1945 und danach oder wenn Ursachen anderswo ans Licht kommen …

Wir kennen das nur allzu gut.

Ist der Mensch unschuldig, wenn und weil er nichts weiß?

Weiß er nichts oder will er nichts wissen?

Bedarf nur der Wissende der Vergebung? Oder jeder?

Milan Kundera stellt in seinem Roman „Die unerträgliche Leichtigkeit des Seins" genau diese Frage. Er beantwortet sie auf seine Weise. Er erzählt eine alte Geschichte:

> „Die Geschichte von Ödipus ist bekannt: Ein Hirte fand den ausgesetzten Säugling und brachte ihn seinem König Polybos, der ihn aufzog. Als junger Mann begegnete Ödipus auf einer Reise durchs Gebirge einem Wagen, in dem ein unbekannter Edelmann saß. Es entstand ein Streit, in dessen Verlauf Ödipus den Edelmann tötete. Später heiratete er die Königin Jokaste und wurde Herrscher über Theben. Er ahnte nicht, dass der Mann, den er einst in den Bergen getötet hatte, sein Vater war, und die Frau, mit der er schlief, seine Mutter. Das Schicksal verschwor sich gegen seine Untertanen und suchte sie mit Krankheit heim. Als Ödipus begriff, dass er selbst an ihren Qualen schuld war, stach er sich mit einer Nadel die Augen aus und verließ Theben als Blinder."

Ödipus wusste nicht, was er tat, aber „als ihm klar wurde, was geschehen war, fühlte er sich dennoch nicht unschuldig".

Manchmal kann man bei den Alten lernen.

Adam und Eva

Dass der Mensch sich in Träumen die Welt aneignen kann, dass das, was vor Augen ist, nicht alles ist – das ist die eine Seite. Aber damit ist die Frage noch nicht beantwortet, sondern allererst gestellt: Wer ist der Mensch? Dieser Frage entrinnt niemand.
Antworten, die nichts anderes als Schönfärberei sind, führen nicht weiter. Niemand kann die Augen verschließen vor dem Grauen in der Welt, das von Menschen gemacht ist. Von wem sonst? Die Tatsachen werden oft genug benannt. Sie werden dokumentiert und statistisch erfasst. Sind wir übersättigt durch Information? Bisweilen scheint es so. Andernfalls wäre die öffentliche Erregung größer. Aber es gibt noch ein anderes Problem. Wer sich darin erschöpft, das Grauen zu dokumentieren, das andere anrichten, der läuft Gefahr, zu wenig über sich selbst nachzudenken, weil die unmittelbaren Täter ja wirklich oft andere sind. Immer „die anderen." Aber das dispensiert niemanden von der Frage: Wie hätte ich mich verhalten, wäre ich in einer vergleichbaren Lage gewesen wie der oder jener Täter? Wer bin denn ich?
Für solche Fragen brauchen wir Helfer, Mittler. Nabelschau führt nicht weiter. Wir brauchen „fremdes" Material, um uns selbst auf die Spur zu kommen. Wir brauchen große alte Überlieferungen, Mythen und Sagen, Märchen und Erzählungen, in denen sich Menschheitsfragen, kollektive ebenso wie individuelle, abgelagert haben. Warum brauchen wir so et-

was? Weil alte Überlieferungen wie Spiegel sind. Wie Spiegel, in denen der Mensch sich selber sehen kann. Ein Stück von uns, von unserem Leben. Man kann aus Erzählungen nicht einfach Lebensregeln abziehen, aber man kann sich den Spiegel vorhalten – und mitunter macht das nachdenklich.

Auf eine uralte Sage möchte ich zurückgreifen. Vielleicht gelingt es, dass wir dabei uns selbst, unser Leben heute, ein Stück schärfer, ein Stück klarer sehen als vorher. Denn die alte Sage gibt Antwort auf Menschheitsfragen, auf Grundfragen, die die Menschen in ihrem Leben seit eh und je, seit der ersten Stunde umgetrieben haben.

Ehe ich die Sage erzähle, will ich zwei gegenwärtige Situationen skizzieren, an denen ablesbar wird, warum sich Menschen vor Zeiten solche Geschichten erzählt haben.

Eine Erfahrung, die wir alle kennen: Da sitzen Menschen zusammen – eine Familie oder ein Paar oder eine Wohngemeinschaft –, die sind miteinander verbunden, und die kennen sich gut. Die mögen einander auch, die freuen sich miteinander. Zugleich kennen sie es – das Paar, die Wohngemeinschaft, die Gruppe –, dass es, obwohl sie sich mögen, immer wieder Augenblicke des Nichtverstehens, des Einander-Fremdwerdens oder -fremdbleibens gibt. Immer wieder denkt einer vom anderen: Du bist so weit weg. Warum eigentlich? Warum hängt das wie eine Wolke über allem Glück?

Eine ganz andere Situation: Da sitzen Menschen zusammen, kluge Menschen, Forscher, Gelehrte, und sie geraten an eine Frage, die, so uralt sie ist, in

ihrer Schrecklichkeit heute überhaupt erst ahnungsweise ausgemessen wird. Die Frage: Darf ich alles tun, wozu ich fähig bin? Darf ich alles tun, was ich kann? Darf ich alles verwirklichen, was mein Geist ersinnen kann? Darf ich das? Vor ein paar Generationen hätte man die Frage stellen und sie verneinen unter dem Verdacht gesehen: da wolle die Kirche den Fortschritt bremsen. Heute aber? Heute wissen wir, was in dieser Frage steckt. Denn im Klartext lautet sie: Darf ich mit meinem Wissen und Können so weit gehen, dass ich alles zerstöre? Darf ich das, weil ich es kann? Warum ist solche Bedrängnis die Folie des Fortschritts, des Lebens?
Diese und andere Fragesituationen sind der Horizont der uralten Sage, die ich erzählen will. Und ich werde dabei andeutungsweise, hier und da, zweierlei ineinanderschieben: die alte Geschichte, in der Gott spazieren gehen kann, in der Tiere sprechen können, in der es ganz märchenhaft zuzugehen scheint –, und unser Leben.
Ich fange so an: Es war die erste Stunde der Menschheit. Und da gingen die beiden – Adam und Eva. Sie gingen im Garten spazieren. Und während sie so dahingingen, da kam, wie eine Schlange, in Eva eine Frage hoch. Die Frage züngelte um sie herum. Sie konnte ihr nicht widerstehen, sie konnte sie nicht abwehren, denn die Frage glitt ihr so glatt wie eine Schlange immer wieder durch die Finger.
Das war die Frage:
Dürfen wir in dem Garten wirklich nicht alles?
Warum dürfen wir eigentlich von dem Baum in der Mitte nichts nehmen?
Warum dürfen wir da nicht heran?
Gibt's denn wirklich Grenzen für uns?

Wär's nicht viel schöner, wenn wir keine Grenzen hätten?
Die Frage: Dürfen wir nicht alles tun, was wir können?
Und Eva schaut den Baum an, und sie sieht, dass er lustig und lieblich ist, dass er wunderschön, dass er verlockend ist. So greift sie nach der Frucht. Sie nimmt von dem Baum. Und sie isst von dem Baum und seiner Frucht, und sie gibt weiter. Nun ist der Bann gebrochen. Jetzt ist erlaubt, was begrenzt war. Der Griff ist getan. Man tut, was man kann. Grenzen sind gefallen. Die zwei sind wie Gott. Sie erkennen einander, es gehen ihnen die Augen auf, es gehen ihnen die Augen über, und sie verbergen sich vor Gott. Denn wer selber Gott ist, versteckt sich besser vor Gott.
Und Gott, der Herr, geht im Garten spazieren, in der Abendkühle, und er schaut um sich, und er vermisst seine zwei – Adam und Eva. Und er fragt sich: Wo mögen die sein? Und er fragt: Adam, wo bist du? Adam, wo bist du? Es ist die Frage, die wie ein Leitseil die Geschichte der Menschen durchzieht: Mensch, wo bist du? Mensch, wer bist du? Was tust du? Und Gott sucht den Adam. Und er stellt die Frage noch einmal: Wo bist du? Wer bist du? Was hast du getan? Das Bündel, das eingeschnürte Paket von Fragen fängt an, immer größer zu werden:

Wo bist du?
Wo bin ich?
Wo ist der andere?
Was tue ich?
Was tut der andere?

Und das verspannte Leben zwischen den Wo- und Wer-Fragen nimmt seinen Anfang. Jeder von uns kennt das. Denn wie oft wissen wir denn wirklich, wer wir sind? Wie oft wissen wir denn wirklich, was wir anrichten, im besten wie im bösen Wollen?
Adam, wo bist du? Die erste Antwort ist Schweigen, verlegenes Schweigen. Die zweite Antwort, zugleich das zweite Leitseil quer durch die Geschichte, schiebt die Anfrage an den nächsten weiter, weg von mir. Das Weib, das du, Gott, mir gegeben hast, das war's. Ehe die Frage gestellt ist: „Hast du … ?“, ist die Antwort der Verschiebung an den Nächsten schon da. Weil ich mich nicht mehr finden kann, muss ich anderen die Schuld geben. Adam weist auf Eva, Eva auf die Schlange.
Was nun? Wie wird der spazieren gehende Gott, der sich seines Gartens lustvoll erfreuende Gott, wie wird er reagieren? Was wird er den beiden sagen? Er spricht aus, nicht: was er tut, sondern, was geschehen ist. Er sagt, wie es ist: Fremdheit, Spannung, Mühsal, Last und Leid sind Teil des Lebens geworden. Nun haben wir es im menschlichen Leben drin: Mühsal der Frau, Last der Arbeit des Mannes, Spannung über Spannung zwischen Mensch und Tier und Mensch und Mensch. Der Griff zum Apfel – nein, zu den Sternen, der Griff zu den Sternen macht den Garten dunkel, weil die Hand vor dem Stern ihn verdunkelt.
Der Mensch, der sich selbst übersteigen will, der Mensch, der über sich hinaus will, zerreißt sich, und indem er sich zerreißt, zerreißt er die Gemeinschaft und zerbröselt er die Erde, auf der er lebt, zu Staub, zu Gift, und die Lust am Garten, am Garten des Menschlichen, sie ist dahin. Aber in der alten Ge-

schichte ist eigentümlicherweise dies nicht das Ende. Das Ende ist nicht das fallende Schwert, das Ende ist nicht der Tod, sondern dieser Einbruch setzt einen anderen Anfang. Es beginnt die Geschichte der Menschen, die wir kennen, weil wir ihre Kinder sind. Trotz des falschen Griffes. Wir leben. Wir leben, wie die beiden damals, mit Röcken und Fellen, ihr Leben begonnen haben. Ist das Bewahrung? Steckt darin Hoffnung, oder ist es nur eine Galgenfrist?

Soweit die alte Sage, und vorerst lasse ich die Frage am Schluss unbeantwortet. Es ist die Geschichte vom sogenannten „Sündenfall" aus dem ersten Buch Mose am Anfang der Bibel.
Solche uralten Erzählungen sind Häusern vergleichbar, an denen viele Generationen gebaut haben. Nicht alles ist einheitlich geformt. Es ist an- und umgebaut worden. Unterschiedliche Farbtönungen lassen sich voneinander abheben. Sie sind aber auch insofern Häusern vergleichbar, weil in solchen Geschichten immer wieder Menschen gleichsam gewohnt haben. Dies beginnt lange schon vor der schriftlichen Fassung; der Prozess des mündlichen Weitererzählens ist für Erzähler ebenso wie für die Hörer so etwas wie ein Einwohnen in die Erzählung. Warum? Aus doppeltem Grund: Generationen von Hörern haben Stücke ihres eigenen Lebens in der alten Geschichte verschlüsselt gefunden – und zugleich: Sie haben sich mit ihrem Leben, mit seiner Lust und seiner Last, in der alten Geschichte unterbringen können. Alte Überlieferungen bewahren Gültiges und bieten zugleich ein Gehäuse, ein Dach für neu andrängende Fragen. Werner Jetter hat

es so zusammengefasst: „Aus uralten Bausteinen der Sagenweisheit – Lebensbaum, Paradiesgarten und Urweltschlange – erstellt, fängt die Erzählung Gott, Welt und Mensch ein in einer einzigen Miniatur, gleichermaßen lesbar und unerschöpflich für Kinder wie für Philosophen, und sucht aus dem Wechselspiel göttlicher und dämonischer Kräfte unsre ganze Lebenswirklichkeit zu begreifen. Lust, Kampf und Not der Geschlechter, Schmerzen der Schwangerschaft und des Sterbens, Arbeitsmühe und Lebensangst des Menschen in einer feindseligen Umwelt: mit wenigen Handgriffen werden da Blöcke aus Urgestein zu einer Menschheitserzählung gefügt." Und dies alles geschieht nicht etwa absichtslos, nicht aus bloßem Spaß an der Lust des Erzählens. Es ist vielmehr gesteuert durch eine die ganze Erzählung teils offen, teils insgeheim bestimmende Fragerichtung, die wie ein Pfeil auf den Hörer weist: Adam, wo bist du? Das ist die Mitte der Erzählung, und zugleich wird in dieser Frage der Horizont der Erzählung zum Hörer hin durchbrochen. Die Frage nach dem Adam in der Erzählung ist zugleich die Frage an jeden: Wo bist du? Denn Adam ist *der* Mensch, der Mensch schlechthin.

Es ist nicht überraschend, dass eine Erzählung mit solchem Gewicht in der Kultur- und Geistesgeschichte mannigfache Spuren hinterlässt. Vielleicht ist es eines der biblischen Textstücke, das bis in die Moderne hinein die vielfältigsten Wirkungen gehabt und zu immer neuer Auseinandersetzung gereizt hat. Es ist so, wie ein anderer Ausleger es umschrieben hat: „Die Geschichte vom ‚Sündenfall' hat Geschichte gemacht. In der Dichtung, in der bildenden Kunst, in der Musik; in der Philosophie, in der Psychologie;

und am meisten wohl in der Theologie ... Warum? Weil sie an die Grundfragen unseres Denkens und Lebens rührt: Schuld, verlorenes Paradies, Leid und Tod. Niemand ist mit dieser Geschichte je fertig geworden; niemals werden wir selbst mit ihr fertig werden. Sie ist, seit sie geschah, immer wieder geschehen. Und wenn uns heute, gefährlich spät, aufgeht, dass Erkenntnis nicht nur Glück, sondern Verhängnis bescheren kann, so tut sich's im Schatten dieser Geschichte auf."

Wenn man gewichtiger alter Überlieferung eine derart dauerhafte Bedeutung zuspricht, dann darf man sich andererseits eine Frage nicht ersparen: Sind die Wirkungen unserer Erzählung nur positiv gewesen? Es wäre wohl überraschend, wenn man das sagen könnte. Also: Wo hat der Umgang mit der alten Geschichte vom Sündenfall Spuren gezogen, denen nicht gefolgt werden darf? Sei es, weil in ihnen die alte Erzählung missdeutet worden ist, sei es, weil zeitbedingte Vorstellungen der frühen Erzähler besinnungslos wiederholt worden sind. Ich will auf zwei Beispiele eingehen, deren Wirkungsgeschichte bis mitten in die Gegenwart reicht.

Erstens: Der Begriff der Erbsünde
Die Rede von der Erbsünde ist irreführend und trifft die erzählerische Absicht der Sündenfallgeschichte so wenig wie ihre Vorstellungswelt. Der Begriff der Erbsünde ist in der Lehrbildung der Dogmatik entstanden und in dieser Form der biblischen Überlieferung fremd. Zu fragen bleibt: Was ist das Interesse solcher Begriffsbildung? Einerseits will man begriff-

lich erfassen, dass die Sünde wesenhaft zum Menschen gehört, und andererseits verbindet sich damit vielfach die Vorstellung, dass im Zeugungsakt diese wesenhafte Sündhaftigkeit des Menschen von Generation zu Generation weiter vermittelt wird. Dass es von dort aus nur ein kleiner Schritt zu einer grundsätzlichen Abwertung der Sexualität des Menschen ist, liegt auf der Hand. Wir kennen alle den Folgenreichtum solcher Vorstellungen für die Sittenbildung, für die Moralentwicklung, für die Formen des Zusammenlebens quer durch die Völker und die Jahrhunderte. Der Begriff der Erbsünde ist darum abzuweisen; er ist unbiblisch, und er entstammt der Illusion, alle Aspekte des Menschseins begrifflich erfassen zu können oder zu müssen. Darin ist unsere alte Erzählung sehr viel realistischer: Sie stellt Adam vor als *den* Menschen, als das Urbild, in dem aller Menschen Sein und Wesen anschaubar, und das heißt hier: *erzählbar* wird. Die Dimension des Erzählens kann das Interesse an logischen oder kausalen Ableitungen hinter sich lassen – und damit der Realität oft besser gerecht werden als die theologische Begriffsbildung.

Das *zweite* Beispiel für problematische Folgen aus dem Umgang mit der Sündenfallgeschichte ist die frauenfeindliche Wirkungsgeschichte.
Unter Fortlassung aller Einzelheiten der Auslegung ist erst einmal festzuhalten: In der alttestamentlichen Erzählung von Adam und Eva stehen Mann und Frau in der gleichen Situation des Schuldigwerdens. Ihre Schuld verbindet sie miteinander. Da ist nicht der Eine besser als die Andere. Sie sind beide gleichermaßen Bild Gottes. Erst im Buch Jesus Sirach,

einer Spätschrift aus dem Beginn des 2. Jahrhunderts vor Christus, setzt die negative Wertung der Frau ein, die sich dann wie ein roter Faden durch die Geschichte zieht. Der Schlüsselsatz, der so etwas wie das religiöse Motto wird, lautet bei Jesus Sirach (25, 24):

Von einer Frau nahm die Sünde ihren Anfang,
ihretwegen müssen wir alle sterben.

Diese Tendenz setzt sich dann vielfach auch in neutestamentlichen Schriften durch, zum Beispiel im 1. Timotheusbrief. In welchem Zusammenhang und auf welchem Hintergrund muss man diese Umwertung gegenüber alttestamentlichen Aussagen wie zum Beispiel in der Sündenfallgeschichte sehen? Der Prozess ist vielschichtig. In der Spätantike verbinden sich „verschiedenste Strömungen und Kulturen zu einer für die Frau verhängnisvollen Mischung von Argumenten" (so die feministische Theologin Schüngel-Straumann), die sich oft gegenseitig steigerten. In der feministischen Theologie sind zwei Tendenzen bei der Neuinterpretation alter Überlieferungen, zum Beispiel auch bei der Wertung Evas in der Paradiesgeschichte, herausgearbeitet worden. Einerseits wird „die Erotisierung der alten Erzählungen" immer stärker, andererseits „die Dämonisierung von Eros und Schönheit. Die Gefährlichkeit von Eros und Schönheit immer wieder zu thematisieren, gehörte zu den Modeströmungen der Zeit." Dagegen steht das ganz andere Interesse des Erzählers der Adam-und-Eva-Geschichte: Ihm geht es „um die volle Menschlichkeit der Frau. Die Frau ist keine Göttin und der Mann kein kleiner Herr-Gott. Gegen die Erfahrung seiner Zeit und gegen alle späteren Verunglimpfungen zeigt der Erzähler die Frau als gleichwertige und gleichmenschliche Partnerin des Mannes. So weist dieser Theologe für seine Zeit den richtigen Weg: beide, Frau und Mann, sind von Gott geschaffen, beide sind menschlich, beide sind fehlbar. Und unsere Zeit ist nun aufgefordert, unter neuen Fragestellungen diese menschliche Existenz vollmenschlich zu gestalten."

Zurück zu der vorhin offen gelassenen Frage: Gibt es am Ende unserer alten Erzählung noch eine Hoffnung? Wenn die Erzählung ein Stück Menschheitsgeschichte spiegelt, ist das ja nicht nur die Frage für Adam und Eva, es ist auch unsere Frage.
Vielleicht kann man, die Erzählung ein Stück weiterdenkend, so antworten:
Die Möglichkeit eines fernen Hoffnungsscheines für menschliches Leben beginnt damit, dass wir, aufgeschreckt durch die vielfältigen schlimmen Bilanzen unseres Lebens, die uralte Frage „Adam, wo bist du? Wo bist du im Gewirr dessen, was du fort und fort angerichtet hast?" – aushalten; dass wir sie weder verdrängen noch an andere weiterleiten. Wir leben nicht im Paradies. Das ist die Realität. So haben wir entschieden. Kein anderer hat über uns so entschieden und uns zu willenlosen Automaten gemacht. Erst wer dem standhält, gewinnt den Boden für die neue Frage nach Hoffnung. Träumen darf nur der Realist.
Der Schluss der Erzählung ist nicht ohne Hoffnungsschimmer. Selbst der nach den Sternen greifende Mensch, der Titan, der alles können möchte und dem nichts genug ist, selbst er bleibt – in den Bildern unserer Erzählung gesprochen – derjenige, für den Gott sorgt. Als Mann und als Frau lässt er sie leben

und macht ihnen Röcke und Felle. Als die aus dem Garten, dem paradiesischen Garten voller ungebrochener Schönheit, Verwiesenen bleiben sie Gottes Ebenbilder. Könnte sich darin ein Hoffnungsschimmer andeuten? Könnte es sein, dass von hier aus eine ferne Linie führt zu der Hoffnung, der oft fast aberwitzig scheinenden Hoffnung, dass die Welt doch nicht verloren geht? Meint vielleicht die neutestamentliche Rede vom Reich Gottes so etwas ?
Hoffnung hieße dann, noch einmal mit den Bildern unserer Erzählung gesprochen: Ob es uns wohl gelingt, einmal wenigstens, so zu leben, dass irgendwann einmal der Engel mit dem Schwert wieder abgezogen werden könnte? Ob es uns wohl gelingt, so zu leben, daß wir dann und wann – trotz des Engels mit dem Schwert – an ihm vorbei einen Blick über die Mauer in den Garten hineinwerfen können?
Leise Hoffnung ...
In einer Erzählung von Marie Luise Kaschnitz geht es um diesen Blick über die Mauer:

> „Wir bleiben zusammen, sagte Eva. Wir gehen zurück in den Garten. Und sie legte ihre Arme um Adams Hals und sah ihn liebevoll an.
> Ist er denn noch da? fragte Adam erstaunt.
> Gewiß, sagte Eva.
> Wie willst du das wissen? fragte Adam mürrisch.
> Woher meinst du, fragte Eva, daß ich die Reben hatte, die ich dir gebracht habe, und woher meinst du, daß ich die Zwiebel der Feuerlilie hatte, und woher meinst du, hatte ich den schönen funkelnden Stein?
> Woher hattest du das alles? fragte Adam.
> Die Engel, sagte Eva, haben es mir über die

Mauer geworfen. Wenn wir kommen, rufe ich die Engel, und dann öffnen sie mir das Tor.
Adam schüttelte langsam den Kopf, weil eine ferne und dunkle Erinnerung ihn überkam.
Gerade dir, sagte er.
Aber dann fing er an zu lachen, laut und herzlich, zum ersten Mal seit ach wie langer Zeit."

Kain und Abel

Ebenso wie Adam und Evas Geschichte vom sogenannten Sündenfall gehört die Sage von Kains Mord an seinem Bruder Abel zu den bekanntesten und wirkungsmächtigsten Stücken des Alten Testaments. Warum? Weil auch in dieser Geschichte Grundfragen des Menschseins, fast möchte man sagen: Strukturen des Lebens, die über die Zeiten hinweg bestimmend und bedrängend sind, ihren bildhaften Ausdruck gefunden haben. Die Bildhaftigkeit der alten Sage, das eindrucksvolle Gegenüber der beiden Brüder, hat zudem dazu geführt, dass zahlreiche Schriftstellerinnen und Schriftsteller die Vorlage aufgegriffen und umgesetzt haben.

Bevor wir uns einigen literarischen Spiegelungen zuwenden, ein Blick auf das uralte Überlieferungsstück, die Brudermordgeschichte von Kain und Abel. Dabei wird zugleich deutlich, wie in der alten Welt Geschichten entstanden sind, und was es heißt, dass man sie von Generation zu Generation unter wechselnden Verhältnissen und Bedingungen überliefert hat. Unsere naheliegende, aber wirklichkeitsfremde Vorstellung: „Irgendwann hat jemand die Geschichte einmal erzählt – und dann ist sie so immer weitererzählt worden“ bedarf der Korrektur. Die Erzählgeschichte von Lebensgeschichten ist spröder und komplexer.
Die Erzählung von Kain und Abel ist früher entstan-

den als die Fassung, die wir im ersten Buch Mose im Zusammenhang der ersten zwölf Kapitel vor uns haben. Da haben vor rund dreitausend Jahren Bauern im Lande Juda verblüfft bemerkt, dass es in der Wüste einen anderen Stamm gibt, die Keniter, die zwar an denselben Gott glauben, aber keine Ackerbauern sind, sondern Nomaden, umherschweifende Beduinen. Warum? Der Alttestamentler Eckard Otto dazu: „Die Erzählung von Kain und Abel ist die Antwort: Kain, einst Bauer ..., habe in ferner Vorzeit einen Hirten, Abel, ermordet, und die Nachkommen tragen noch immer an dieser Schuld, unstet lebend in der Wüste, ausgeschlossen vom Kulturland." Bemerkenswert ist dabei: „Die Keniter in der Wüste tragen nicht selbst begangene Schuld ab, sondern sie stehen in einem unauflösbaren, schicksalhaften Schuldzusammenhang ... Die Erzählung weiß um Schuld, für die ein Mensch nichts kann und die dennoch da ist."

Das ist die erste Stufe unserer Erzählung. Lange wird sie so mündlich überliefert worden sein. Und irgendwann, zu einem späteren Zeitpunkt, viel später, greift sie jener Erzähler auf, der die ersten zwölf Kapitel des ersten Buches Mose komponiert hat, und für ihn heißt überliefern *weitererzählen*: in neue Zusammenhänge stellen, in neue Fragehorizonte – folglich: neu akzentuieren, ja, verändern. Er weiß von einer längeren Geschichte, die hinter ihm liegt, er fragt anders, vielleicht bohrt er tiefer: Gewalt sieht er, Macht im Zusammenleben der Menschen. Und so münzt er die ursprüngliche Bauern- und Nomadengeschichte von einstmals um zu einer Geschichte, die *alle* angeht: „Wir alle sind ... Nachkommen Kains, tragen

die Schuld Kains, überall dort, wo ein Mensch einem Menschen Gewalt antut ... die Gewalt ist uns ein unausweichlicher Schuldzusammenhang" (E. Otto). Bleibt die Frage: Wie löst sich das Problem des Weiterlebens? In der Paradiesgeschichte schneiderte Gott Adam und Eva Röcke aus Fell und bewahrte sie fürs Überleben. Aber hier? Mit dieser Last auf den Schultern? Auch die Geschichte von Kain und Abel endet seltsamerweise mit einem Bewahrungswort und Bewahrungszeichen. Das Kainsmal soll schützen vor der Gewalt der anderen, und noch wichtiger ist vielleicht die vieldeutig-ambivalente Formulierung in der Mitte der Erzählung: Du, an Kain gewandt, sollst (oder: wirst?) über das Böse herrschen.
In der Tat: eine irritierende Geschichte! Erst recht, wenn man den Überlieferungsprozess dazunimmt. Sehen wir zu, was heute daraus geworden ist.

Hilde Domin, deutsche Lyrikerin jüdischer Herkunft, schreibt auf dem Hintergrund doppelter Erfahrung: der des durch die Nazis erzwungenen Exils und der damit verbundenen, später hinzutretenden Erfahrung der Heimkehr „in das Land meiner Sprache", wie sie es selbst in einem autobiografischen Text formuliert hat. Biblische Motive und Metaphern spielen für ihre Gedichte eine entscheidende Rolle – aber gerade nicht so, dass sie im einengenden Sinn zur „religiösen" Dichterin wird. Vielmehr so, dass aus der Aufnahme biblischer Traditionselemente die Möglichkeit erwächst, Grundfragen des Menschseins zum Thema zu machen. So auch in dem Gedicht:

Abel steh auf

Abel steh auf
es muß neu gespielt werden
täglich muß es neu gespielt werden
täglich muß die Antwort noch vor uns sein
die Antwort muß ja sein können
wenn du nicht aufstehst Abel
wie soll die Antwort
diese einzig wichtige Antwort
sich je verändern
wir können alle Kirchen schließen
und alle Gesetzbücher abschaffen
in allen Sprachen der Erde
wenn du nur aufstehst
und es rückgängig machst
die erste falsche Antwort
auf die einzige Frage
auf die es ankommt
steh auf
damit Kain sagt
damit er es sagen kann
Ich bin dein Hüter
Bruder
wie sollte ich nicht dein Hüter sein
Täglich steh auf
damit wir es vor uns haben
dies Ja ich bin hier
ich
dein Bruder
Damit die Kinder Abels
sich nicht mehr fürchten
weil Kain nicht Kain wird
Ich schreibe dies

ich ein Kind Abels
und fürchte mich täglich
vor der Antwort
die Luft in meiner Lunge wird weniger
wie ich auf die Antwort warte

Abel steh auf
damit es anders anfängt
zwischen uns allen

Die Feuer die brennen
das Feuer das brennt auf der Erde
soll das Feuer von Abel sein

Und am Schwanz der Raketen
sollen die Feuer von Abel sein

Dies ist ein atemloses Gedicht, ohne Punkt und Komma. Also: gehetzt zu sprechen. Warum? Weil es die Angst der Dichterin ist, es könnte die Kain-Abel-Situation, das heißt: Der eine schlägt den anderen tot, das Grundmodell unseres Zusammenlebens sein. Weil das nicht sein darf, heißt es fast programmatisch: „Abel steh auf." Abel, sei nicht tot. Abel, bleib am Leben.
Dieser Grundzug wird im Gedicht mehrfach variiert. Der Ausgangspunkt dafür ist: Die alte Geschichte darf nicht das letzte Wort behalten, vielmehr: „täglich muß es neu gespielt werden, täglich muß die Antwort noch vor uns sein." Warum? Weil die Mord-Lösung – Kain erschlägt Abel – nicht das letzte Wort für alle Kommenden haben darf.

Von hier aus schlüsseln sich die Variationen auf:
– Wenn Abel tot ist, wie soll dann je Veränderung möglich sein? Wenn aber Abel nicht tot wäre,

könnten wir „alle Kirchen schließen/ und alle Gesetzbücher abschaffen/ in allen Sprachen der Erde".

- Wenn sie rückgängig zu machen wäre: „die erste falsche Antwort/ auf die einzige Frage/ auf die es ankommt" – die Frage an Kain: Wo ist dein Bruder Abel? – dann, ja dann sähe die Weltgeschichte anders aus. „Abel steh auf" – stünde Abel da, ein Lebender, könnte Kain sagen: „Ich bin dein Hüter/Bruder/wie sollte ich nicht dein Hüter sein".
- Dann brauchten „die Kinder Abels/sich nicht mehr fürchten/ weil Kain nicht Kain wird".
- Aber? Sind wir schon so weit? Haben wir diesen Ort der Einsicht oder der Erschütterung oder der Verzweiflung schon erreicht? So lange die Frage offen bleibt, gilt die Strophe: „Abel steh auf/ damit es anders anfängt/ zwischen uns allen".

Manfred Josuttis hat vor Jahren in einer Predigt über die Geschichte von Kain und Abel – wohl unabhängig von Hilde Domins Gedicht – gesagt: „Ich möchte die Geschichte von Kain und Abel heute anders erzählen. Ich möchte sie nicht nur mit anderen Worten erzählen. Ich möchte sie so erzählen, dass in ihr auch etwas anderes geschieht. Ich möchte sie so erzählen, dass Abel diesmal am Leben bleibt ... Kain soll nicht mehr Mörder und Abel soll nicht länger Opfer bleiben. Kain und Abel sollen auf einer freien Erde frei miteinander leben lernen. Wie kann das geschehen? Was müssen wir tun, damit die Geschichte von Kain und Abel anders verläuft?"

Was der Theologe hier erfragt, ist das Thema des appellierenden Gedichts von Hilde Domin.

Ein anderes Beispiel: Der amerikanische Erzähler *John Steinbeck* verarbeitet das Kain-und-Abel-Thema in einer monumentalen amerikanischen Familiensaga. „Jenseits von Eden" ist der programmatische Titel des Romans, der in seinen stärksten Passagen fast mythisches Format erreicht.

Der weise alte Chinese Lee, ein Diener der Familie und zugleich eine der geheimen Schlüsselfiguren des Romans, sagt über die Geschichte von Kain und Abel: „Keine Erzählung gewinnt Macht oder ist von Dauer, wenn wir nicht in uns fühlen, dass sie Wahrheit, unsere Wahrheit ist." Und wenige Seiten später noch deutlicher: „Eine große, eine bleibende Erzählung muss von jedermann handeln, sonst bleibt sie nicht erhalten. Das Fernliegende und Befremdliche bietet kein Interesse, sondern nur das tief Persönliche und Vertraute ... Es ist dies doch wohl die bekannteste Geschichte der Welt, denn sie ist jedermanns Geschichte. Sie ist die sinnbildliche Geschichte der menschlichen Seele ... Die größte Angst, die ein Kind befallen kann, ist die, nicht geliebt zu sein; die Verwerfung ist die Hölle, die es ängstigt. Jeder Mensch auf der Welt hat wohl in größerem oder kleinerem Maß solche Verwerfung gespürt. Und mit der Verwerfung kommt der Zorn, und mit dem Zorn stellt sich, als Rache für die Verwerfung, irgendeine Missetat ein, mit der Missetat aber Schuldgefühl – da haben Sie die Geschichte der Menschheit."
Diese Worte sind so etwas wie der Extrakt des ganzen Romans, in dem der Leser in einer nicht selten fast verwirrenden Fülle von Handlungsfäden, Ereignissen und Schicksalen letztlich doch immer wieder zum Hauptstrang der Erzählung zurückgeführt wird:

zu einer verdoppelten Version der Kain-und-Abel-Geschichte. Da geht es einerseits um die Brüder Adam und Charles und ihren überstrengen Vater, und da geht es, in der nächsten Generation, um die Zwillinge Aron und Caleb, deren Vater Adam ist. In der Handlungsfülle der überbordenden Erzählung wird konsequent ein Motivkomplex in immer neuen Facetten ausgestaltet: die Sehnsucht der Söhne, vom Vater geliebt zu werden, aber auch die Sehnsucht der Söhne, je vom Bruder geliebt zu werden – eine Sehnsucht, die den Hass auf den Rivalen jederzeit einschließen kann. Dass das Grundmotiv, die unstillbare Sehnsucht, geliebt zu werden, generationsübergreifend gleich bleibt, verweist im Duktus des Romans darauf, dass diese Sehnsucht, die immer wieder die Menschen schuldig werden lässt, kein individueller Fall ist, sondern eine durchgängige „Struktur" des Menschseins. Sie hat etwas Unentrinnbares. Menschliches Leben ist davon bestimmt. Aber es ist – nach der Auffassung des Dichters – in diese Unentrinnbarkeit des Schuldigwerdens nicht ausweglos eingemauert. Die Unentrinnbarkeit kann immer wieder durchbrochen werden durch die menschliche Freiheit, sich zwischen gut und böse zu entscheiden. In der Ambivalenz dieser Freiheit liegt die Lebensmöglichkeit, liegt alle Hoffnung. Gott spricht zu Kain, er werde, er solle über die Sünde herrschen (1. Mose 4, 7). Im Roman heißt es zu dieser Stelle: „Das hebräische Wort des Urtextes … das Wort ‚timschal' – du kannst, du magst – das lässt eine Wahl. Vielleicht ist es das bedeutsamste Wort auf der Welt. Es besagt: Der Weg liegt offen vor dir. Es verlegt die Entscheidung in den Menschen. Denn wenn ‚du kannst' richtig ist, so ist auch ‚du kannst nicht' richtig." So wird für Steinbeck die Ambivalenz der Entscheidungsmöglichkeit zur einzigen Möglichkeit der Rettung des Menschlichen in einer Welt todbringender Liebessehnsucht, die immer neuen Hass gebiert. Was ich hier nur verkürzend zusammenfassen kann, wird in der Ereignisfülle des Romans durchgespielt in der unerschöpflichen Vielfalt der Lebensabläufe und der Verhaltensweisen der handelnden Personen. Deutlich ist dabei, was Steinbeck will: die Menschen mit illusionsloser Radikalität zeichnen, wie sie sind – und zugleich die Lebensmöglichkeit nicht ohne einen Schimmer von Hoffnung lassen. Der „Spiegel", den der Dichter in Gestalt des Romans dem Leser vorhält, lässt ihn beides erkennen: So bist du – so könntest du sein.

In einem fast bekenntnishaft zu nennenden Vorspann zum vierten Teil des Romans formuliert John Steinbeck:

„Ein Kind mag fragen: ‚Wovon handelt eigentlich die Geschichte der Welt?' Und ein erwachsener Mensch, Mann oder Frau, mag grübeln: ‚Welchen Weg wird die Welt einschlagen? Wie wird er enden, und worum dreht sich die Geschichte eigentlich, während wir dabei sind?'" Und der Schluss dieser Passage lautet: „Wir haben nur eine einzige Geschichte. Alle Romane, alle Gedichte sind begründet auf den nie endenden Wettstreit in uns selbst, den Kampf zwischen dem Guten und dem Bösen. Und das Böse, soviel ich weiß, muss sich immer wieder neu erzeugen, während das Gute unsterblich ist. Das Laster trägt immer ein neues, frisches, junges Gesicht, während die Tugend ehrwürdiger ist denn alles auf der Welt."

Schließlich eine kleine Erzählung aus dem 1961 in deutscher Übersetzung erschienenen Band „Sternkinder" der Holländerin Clara Asscher-Pinkhof. Der Titel erinnert an ein Märchen. Aber diese Spur ist falsch. Die „Sternkinder" in diesem Buch sind holländische Kinder und Jugendliche, die Hitlers Judenstern tragen mussten – den Stern, der Schlimmes verhieß. Es sind keine erfundenen Geschichten, sondern Tatsachen werden erzählt. Erich Kästner nennt sie in seinem Vorwort „herzzerreißende Beiträge zur Geschichte des 20. Jahrhunderts, das bekanntlich der Neuzeit zugerechnet wird."
Die Geschichte erzählt von zwei Brüdern, der ältere ist verheiratet. Sie hatten von jeher den Plan, gemeinsam nach Palästina zu gehen. Dann kamen der Krieg, die Besetzung Hollands durch deutsche Truppen und die Verfolgung der Juden. Der ältere Bruder mit seiner Frau und der jüngere werden registriert. Da wird entschieden: Wer darf ausreisen nach Palästina – wer nicht? Nicht ausreisen dürfen hieß: Abtransport ins Lager, hieß Tod. Das Glücksspiel ums Leben – Freiheit oder Tod. Der ältere Bruder mit seiner Frau wird aufgerufen. Und dann geht die Geschichte so weiter:

> „Bis gleich", sagen sie zu dem jüngeren. „Bleib nur hier, wir bringen das für dich in Ordnung." Von seinem Platz sieht er sie nach einer Weile wie Statisten hinter vielen anderen auf der Bühne stehen. Doch das Stück geht nicht vorwärts. Es dauert lange, bis sie mit denen sprechen können, die hinter dem Holztisch sitzen und schreiben. Irgend etwas stimmt nicht. Wie ein Zuschauer bei einer spannenden Darbie-

tung im Theater sieht er, dass Papiere hervorgekramt und gezeigt, daß sie abgelehnt werden. Er ist zu sehr einbezogen, er kann nicht darüber nachdenken, was das zu bedeuten hat. Mit pochendem Herzen wartet er auf die Rückkehr der beiden. Er sieht sie mit gesenkten Köpfen die Bühne verlassen.
Als sie vor ihm stehen, hebt er die Augen.
„Wir zwei sind frei", sagt der ältere tonlos.
Wir zwei? Welche wir zwei? Welche zwei gehören denn zusammen?
Endlich versteht er. Der Mann und die Frau, sie sind eine Familie.
Nicht der ältere Bruder und er, der jüngere.
„Da habt ihr Dusel gehabt", schießt es mechanisch aus ihm hervor. Er weiß so schnell nicht, was er sonst reden soll. Er sieht, dass der Bruder kreidebleich ist und dass sein Mund krampfhaft zuckt. Lieber Gott, wenn er nur nicht weint, sonst ist alles verloren!
„Bis Palästina also!" hört er sich selber sagen.
Der Bruder nickt und hat sein Gesicht wieder in der Gewalt.
„Wenn du willst, dass wir doch mitgehen, freiwillig ..."
„Bist du verrückt?" stößt er unbeherrscht heraus. „Ich werde allein fertig."
Als die junge Frau ihr Hab und Gut zusammengepackt hat, küsst der ältere Bruder den jüngeren auf die Stirn. Auch die Schwägerin küsst ihn. Dann sind sie fort."

Die Geschichte zweier Brüder. Auch eine Kain-und-Abel-Geschichte? Wer wäre dann Kain, wer Abel? Ist

Kain der ältere Bruder, weil er die Freiheit erlangt? Ist Abel der jüngere Bruder, weil sein Weg in den Tod weist ?
Nein, so einfach kann man die Rollen ganz gewiss nicht verteilen auf die beiden, die ja beide anfangs in einer ausweglosen Lage zu sein scheinen. Die Lebenslagen sind zu kompliziert, um bloße Abbildungen oder platte Wiederholungen literarischer Vorbilder, und seien sie auch uralt, hergeben zu können. Gleichwohl kann man fragen: Was mag in dem Jüngeren vorgegangen sein, als er die Freigabe des Älteren erfährt und zugleich sein Schicksal vor sich sieht? War da eine Stimme, die dem anderen sein Glück neidete, vielleicht nur ein dumpfes Gefühl? Kam da in dem, der Abels Weg gehen sollte, so etwas wie jener Groll auf, wie er vor Zeiten Kains Sache war? Aber der Ältere war doch hier ohne Schuld? Ja, aber so verworren kann menschliches Leben sein – und so kann es die Herzen der Menschen verwirren. Die eindeutigen Fälle nach dem Muster: Der eine schlägt den andern tot – diese Fälle sind immer klar. Aber die anderen, die komplexen, vielleicht bergen sie öfter Kain-und-Abel-Spuren als wir denken?

Was hat sich im Gegenüber von uralter Kain-und-Abel-Geschichte und unseren drei literarischen Beispielen für unser Verständnis gezeigt?
Zuerst: Die uralte Erzählung von Kain und Abel hat ein Grundproblem des Zusammenlebens der Menschen zum Thema – nämlich die Sehnsucht eines jeden Menschen nach Liebe, nach Annahme, nach Akzeptanz. Nicht übersehen werden darf dabei, dass in dieser einem jeden Menschen vertrauten Sehn-

sucht, in dieser auch durchaus verständlichen Sehnsucht, eine gefährliche Komponente steckt: Es ist die Sehnsucht, *selbst geliebt* zu werden. Also wäre Kain und Abel die Geschichte von der Selbstliebe, von der selbstsüchtigen Liebe der Menschen, die Geschichte von der auf sich selbst fixierten Liebe des Menschen. Wenn aber Liebe eine Beziehungsaussage ist, eine Gegenseitigkeitsaussage, dann ist die Geschichte von Kain und Abel eine Anti-Liebesgeschichte – und gerade darin ist sie eine Menschheitsgeschichte. Der Spiegel der Erzählung sagt den Hörern zu aller Zeit: So sind wir.

Sodann: Kains Lösung ist keine Lösung. Und darum haben alle recht, die da sagen: „Abel steh auf." Denn nur wenn Abel lebt, ist festgemacht, dass Kains Lösung in das Verderben aller führt. Hier müssen wir mehr sagen, als die alte Erzählung sagt. Wir müssen es sagen aus der Erfahrung der Jahrtausende, die zwischen uns und der frühesten Stufe der Erzählung liegen. Wir müssen es sagen zumal aus der Erfahrung der letzten zwei oder drei Generationen in Deutschland. Wer müsste das noch weiter konkretisieren?

Zum Dritten: Kains Lösung muss auch nicht die Lösung sein. Vor dem Dilemma dieser Frage stehend, haben Spätere in den alten Textbestand jenen Vers eingefügt, von dem schon die Rede war: Gott sagt zu Kain, er werde, er solle über die Sünde, die ihn umlauere, herrschen. Das heißt: Mord muss nicht sein; die Entscheidung, ob Mord ist, ist deine eigene Entscheidung! Timschal – wie es im Hebräischen heißt: Du kannst anders entscheiden. Das ist John Steinbecks großes Thema. Man mag das für sehr idealistisch halten. Aber dann soll man auch sagen, wie man ohne solchen „Idealismus" weiterleben kann. Mehr kann man im Horizont des Alten Testaments, das unerhört realistisch über den Menschen denkt, nicht sagen. Ich finde, die Späteren, die diesen Vers eingefügt haben, waren weise.

Viertens: Die Spuren Kains und Abels in der Geschichte, auch in der je eigenen Lebensgeschichte, man wird sie nur finden, wenn man sich von der irrigen Vorstellung trennt, es gebe zu jeder Zeit fotografische Abbilder von Kain und Abel bis in die moderne Welt hinein. Nein, Kains und Abels Spuren sind in aller Regel weniger eindeutig. Dies vor allem, weil die uralte Erzählung vielleicht erst darin zu ihrer Erfüllung kommt – wie unsere miterlebte Geschichte uns zeigt – dass wir gewahr werden: Es kann geschehen, dass jede und jeder ein Stück vom Kain und ein Stück vom Abel in sich hat.

Zuletzt: Was ergibt sich?

Zur Lebensgeschichte für uns wird die uralte Erzählung, wenn wir sie in unser Leben einlassen und wenn wir unser Leben, unsere Erfahrungen in unserer Zeit in sie einweben. Gewiss, dann verändern wir die Erzählung, so wie es Hilde Domin in ihrem Gedicht „Abel steh auf" tut und damit der alten Erzählung neue Dimensionen erschließt. Anders stirbt die Überlieferung. Aber in neuen „Füllungen" durch Leben, Leid und Erfahrung kann sie weiterleben und weitergegeben werden. Dann verändert sich die alte Sage, weil sich das Leben ändert. Also: Warum nicht? Darum finde ich es einen guten Satz, den ein Ausleger am Ende seiner Beschäftigung mit unserer Erzählung gefunden hat: „Abel soll am Leben bleiben. Doch Kain nicht weniger! Sie sollen beide miteinander lachen."

Vater unser (4)

Führe uns nicht in Versuchung
sondern erlöse uns von dem Bösen

Das waren noch Zeiten, als die Leute bei dem Wort Versuchung zuallererst mit schönem Schauder an sexuelle Lust und ihre unfromme Befriedigung dachten!

Moderne Sittenverwilderung hin oder her (oder was manche dafür halten), bei uns geht es heute um andere Versuchungen, um Versuchungen, die für menschliches Überleben und menschliches Zusammenleben existenzbedrohende Gefährdungen darstellen. Es könnte sein, dass wir damit näher an den Ursinn dessen, was Versuchung heißt, herankommen als die Moralapostel aller Zeiten.

Alles zu können, ist die entscheidende Versuchung unserer Zeit. Sie hat eine unvergleichliche, absolut neue Qualität. Was es seit rund fünfzig Jahren gibt, dafür hat die Geschichte der Menschheit keine Parallele: dass nämlich höchste menschliche Intelligenz zur Selbstvernichtung der Menschheit fähig geworden ist. Das ist neu. Auch wenn man von Atomphysik gar nichts versteht, kann man sich die Gewissensproblematik, die nun entstanden ist, an Heinar Kipphardts Dokumentarstück „In der Sache J. Robert Oppenheimer" klarmachen.
In diesem Stück gibt es einen erregenden Dialog

zwischen einem Mitglied des Sicherheitsausschusses und einem Physiker. Der Physiker wird gefragt: „Haben Sie niemals moralische Skrupel hinsichtlich der Wasserstoffbombe gehabt?", und er verneint das, denn die moralische Seite seiner Erfindung sei nicht sein Problem. Darauf folgt die nächste Frage: „Sie meinen, man kann etwas machen ... und sagen: was jetzt damit wird, das ist nicht mein Problem, seht zu, wie ihr damit fertigwerdet?" Der Physiker antwortet: „Es ist mir nicht gleichgültig, aber ich kann die Folgen, die Anwendungsmöglichkeiten, die in einer Entdeckung stecken, nicht voraussehen." Und weiter: „Ich meine, dass Entdeckungen weder gut noch böse sind, weder moralisch noch unmoralisch, sondern nur tatsächlich ..."

„Sondern nur tatsächlich" – nur diese Perspektive zu haben, sich nur an ihr zu orientieren, das ist die Versuchung des Naturwissenschaftlers, um so mehr, wenn man zugestehen muss, dass in der Tat die Konsequenzen einer Entdeckung am Anfang oft nicht übersehbar sind. Dabei geht es beileibe nicht nur um Atom- oder Wasserstoffbomben. Es geht um die Verantwortung für das Weiterdenken und seine Wirkungen. Die Wirkungen sind Teil des Gedachten. Die Versuchung, sie im Rausch des Denkens anderen zuzuschieben, ist, wir wissen es alle, tödlich.

Eine ganz andere Versuchung besteht darin, aus Vorurteilen zu leben. Aus dem Umkreis des Konfuzius, eines vorchristlichen chinesischen Denkers, wird folgende Geschichte erzählt:

> Es war einmal ein Mann, der hatte seine Axt verloren. Er hatte seines Nachbarn Sohn im Verdacht und beobachtete ihn. Die Art, wie er

> ging, war ganz die eines Axtdiebes; sein Gesichtsausdruck war ganz der eines Axtdiebes; aus allen seinen Bewegungen und aus seinem ganzen Wesen sprach deutlich der Axtdieb. Zufällig grub der Mann einen Graben um und fand seine Axt. Am anderen Tag sah er seinen Nachbarssohn wieder. Alle seine Bewegungen und sein ganzes Wesen hatten nichts mehr von einem Axtdieb an sich.

Das scheint eine vergleichsweise harmlose Geschichte zu sein. Aber Vorsicht ist geboten. Denn man kann ja den Rahmen dieser Geschichte leicht auch anders füllen. Dann geht es nicht um einen vermeintlichen Axtdieb, sondern darum, dass ich mir über einen anderen Menschen mein Urteil gebildet habe, bevor er selbst sich zur Geltung bringen konnte, wie er ist. Oder es geht darum, dass ich einen anderen abwerte, weil er anders ist als ich. Dann ist die Geschichte gar nicht mehr harmlos, denn wer sagt denn, dass ich meinen Irrtum rechtzeitig genug einsehe? Oder wer sagt denn, dass mein falsches Bild den anderen nicht längst verändert hat? Ihn also zu dem gemacht hat, der er gar nicht ist? Bilder können töten. Max Frischs Geschichte und sein Theaterspiel vom andorranischen Juden hält es uns vor Augen. Der andorranische Jude war keiner, sondern er wurde von Nichtjuden dazu gemacht.
So können Vorurteile Wirklichkeit schaffen, bis in den Tod. Wenn wir es doch wissen könnten, warum fliegen wir so auf Vorurteile? Warum erliegen wir immer wieder der Versuchung, uns an ihnen zu orientieren?
Weil sie das Leben so einfach machen. Das ist ihre

verführerische Kraft. Sie befreien vom Denken. Sie befreien von eigenen Entscheidungen und Erfahrungen – also von allem, was oft so anstrengend ist. Aber die Zeche bezahlt immer der andere.

Die Versuchung, die Augen zu schließen, ist vielleicht die verbreitetste. Keinem ist sie fremd. In den unterschiedlichsten Lebenssituationen legt sie sich verführerisch nahe und flüstert uns gleichsam ins Ohr:

Schweig doch – auch wenn du dich einmischst, änderst du nichts.
Engagiere dich nicht – es bringt nichts, höchstens verbrennst du dir die Finger.
Reg' dich nicht auf – es hört ja doch niemand auf dich.
Lass es laufen, wie es ist.

Das ist die tödliche Versuchung der Resignation, die noch dazu durch Erfahrung gedeckt scheint. Wer könnte denn nicht sogleich Beispiele nennen!
Aber es ist kein kluger Lebensrat, die Augen vor der Realität zu verschließen. Es könnte so scheinen, als bliebe man dann am ehesten unangreifbar, wenn man sich totstellt; wenn man schweigt und in die Passivität absinkt. Es könnte so scheinen, aber es ist nicht so. Wir kennen es doch alle aus unserem Leben, dass uns nicht nur belastet, was wir getan haben, sondern auch das, was wir nicht getan haben, auch das, was wir nicht verhindert haben, nicht wenigstens versucht haben aufzuhalten. Nein, wer der Versuchung der Resignation erliegt, der entgeht der Verantwortung nicht und nicht der Schuld.

Drei Versuchungen, drei ganz unterschiedliche Lebens- und Erfahrungssituationen. Nicht jede trifft jeden gleichmäßig. Gibt es einen Punkt, an dem alle drei sich gleichen? Einen Kern, der allen drei gemeinsam ist?
Es gibt ihn. Denkt man jede der drei beispielhaft gemeinten Versuchungen zu Ende – die des Wissenschaftlers, die des Vorurteils und die der Resignation –, dann gibt es eine Ebene, auf der sie sich treffen. Es ist die verfehlte, die nicht übernommene Verantwortung für *gemeinsames* Leben: im globalen Zusammenhang, im überschaubaren Bereich. Der Versuchung, diese Verantwortung abzuwälzen, erliegt der Wissenschaftler, der die Folgen seiner Arbeit zu bedenken anderen überlässt und sich „nur" als Forscher versteht. Ihr erliegt der schreckliche Vereinfacher, der auf seine Vorurteile hört, statt sich auf die immer kompliziertere Wirklichkeit einzulassen. Ihr erliegt, wer resigniert die Augen schließt.
Führe uns nicht in Versuchung – das könnte dann positiv heißen:

Gott, lehre uns bedenken,
einen jeden an seinem Ort,
dass wir es sind, wir selbst,
keine überirdische Macht,
die verantwortlich dafür sind,
ob unsere Welt im Atomknall zerbirst,
ob unsere Vorurteile „Fremde" töten,
Farbige, Juden, Türken,
dass wir es sind,
denen Resignation nicht erlaubt ist.
Denn eine Menschenwelt, in die Gott eingegangen ist,

ist nicht zum Tod,
sondern zum Leben bestimmt.
Um des Lebens willen:
Führe uns nicht in Versuchung.

Die beiden letzten Bitten des Vaterunsers sind parallel gebaut:

Führe uns nicht in Versuchung –
Erlöse uns von dem Bösen.

Der parallele Satzbau ist Ausdruck der inhaltlichen Nähe beider Aussagen. Das geht so weit, dass manches Wort austauschbar wird. Die Versuchung ist das Böse. Das Böse ist versucherisch.
Der Streit um die Übersetzung eines Wortes kann aufschlussreich sein. Er kann aber auch davon ablenken, sich auf den Inhalt einzulassen. Ob man sagt: der Böse oder das Böse oder das Übel, ob man sich den Teufel als Person vorstellen soll – dieser Streit bringt gar nichts. Und wenn es um den Teufel als Person geht, dann wird der Streit nur noch komisch; so komisch, als ob man sich ernsthaft darüber streiten könnte, ob Gott mit oder ohne Bart auf seinem himmlischen Thron sitzt.

Solcher Streit lenkt ab, sich der Frage zu stellen: Was ist der Sinn hinter dem umstrittenen einzelnen Wort? Worauf will es hinaus?

Fragt man so, dann kann man entdecken, dass die Übersetzungsschwierigkeit – der oder das Böse – zum Gewinn wird. Es wird nichts festgelegt. Das heißt auch: Es wird nichts ausgespart. Die abstrakte Redeweise öffnet den Weg zu jener Vieldeutigkeit, die unserem Leben, unserer Welt, unserer Wirklichkeit allein gerecht wird:

Der oder das Böse kann von anderen her kommen,
es kann in mir seinen Ort haben;
Der oder das Böse kann individuell begegnen,
es kann kollektive Gestalt haben;
Der oder das Böse kann in Menschen widerfahren,
es kann in Strukturen festsitzen.

Man kann die Reihe der Gegensatzpaare verlängern. Wichtig ist: Die Vielfalt, in der Böses widerfährt, ist nicht auf nur eine Erscheinungsform des Bösen reduzierbar. Gerade die Vielfalt der Erscheinungsformen macht das Böse so bedrängend – so wie Versuchungen in unterschiedlicher Gestalt an uns herantreten. Und zum anderen: Genau diese Vielfalt meint der Beter des Vaterunsers, wenn er um Errettung von dem Bösen bittet. Es ist die Vielfalt aller nur denkbaren Lebenssituationen. Weil das Böse nicht „definiert" ist, umgreift es alles.
Man kann mit einem Bild umschreiben, worum die Bitte kreist. Wer sie heute nachspricht, der leidet unter dem Riss, der durch unser Leben geht, der durch unsere Welt geht, der durch jeden von uns geht. Es ist jener Riss, der alles Glück der Gemeinsamkeit gefährdet, weil der Egoismus im Winkel lauert. Oder jener Riss, der noch durch die beste Tat geht, weil sie nie ganz selbstlos, nie ganz frei von dem Liebäugeln mit Selbstlob und Selbstruhm ist. Oder jener Riss, der noch die ehrlichste Reue zum Selbstgenuss machen kann. Wer kennt das alles nicht?
Einmal mehr zeigt sich, wieviel Erfahrungsweisheit über den Menschen in diesem alten Gebet steckt.

Nur deshalb können wir seine Worte immer wieder mit unseren Erfahrungen auffüllen.

Abschließend muss von einer speziellen Versuchung der Kirche die Rede sein, in der böse wird, was gut gemeint ist. Vielleicht ist das die sublimste Form des Bösen. Denn sie gefährdet jeden.
Benjamin Franklin erzählt in seinen Lebenserinnerungen von einer Sekte, die von ihren Gegnern verleumdet wird, abscheulichen Glaubensüberzeugungen anzuhängen. Franklin sagt zu einem der Gründer dieser Sekte: Schafft doch diese Verleumdungen dadurch aus der Welt, dass ihr eure Glaubensartikel veröffentlicht! Der Gründer antwortet, man habe dies schon erwogen, aber man habe es verworfen.
Dies ist seine Begründung:

> „Als wir uns zuerst als Religionsgemeinschaft zusammentaten, da hatte es Gott beliebt, unsern Geist so weit zu erleuchten, um uns einsehen zu lassen, dass einige Lehren, welche wir früher für Wahrheit gehalten hatten, Irrtümer, und dass andere, die wir für Irrtümer angesehen hatten, wirkliche Wahrheiten waren. Von Zeit zu Zeit hat es dem Herrn beliebt, uns weitere Erleuchtung zu gewähren; unsere Grundsätze vervollkommneten und unsere Irrtümer verminderten sich. Nun sind wir aber nicht gewiss, dass wir schon am Ende dieses Voranschreitens und bei der Vollkommenheit geistlichen oder theologischen Wissens angekommen sind. Wir fürchten vielmehr, dass,

> wenn wir unser Glaubensbekenntnis erst einmal drucken ließen, wir uns durch dasselbe gleichsam gebunden und eingeschränkt fühlen und vielleicht abgeneigt werden würden, eine weitere Vervollkommnung anzunehmen, und dass es unseren Nachkommen in noch weit stärkerem Maße so gehen würde, weil sie annehmen würden, dass das, was wir Älteren und Gründer getan haben, etwas Geheiligtes sei, wovon niemals abgewichen werden dürfe."

Nun sage ich nicht: Unsere formulierten Bekenntnisse sind vom Teufel, und wir sollten sie abschaffen. Aber ich sage: Wir können gar nicht genug aufpassen, dass die formulierten Überzeugungen unseres Glaubens, dass die Sprache der Tradition nicht zum Käfig wird, in dem wir den Glauben einsperren. Denn wer dabei mithilft, handelt böse, weil er die Gegenwart, weil er neue Fragen, letztlich: weil er Zeitgenossen vom Glauben ausschließt.
Erlöse uns von dem Bösen – das meint jetzt: Rette uns aus der Erstarrung, in die wir so leicht verfallen, weil wir den Glauben als altes Gut meinen retten zu müssen – und dabei alles verlieren und anderen alles schuldig bleiben.

Durch alle Bitten des Vaterunsers klingt der Grundton einer großen Sehnsucht durch. Es ist Sehnsucht, wie sie in Wünschen, in Gebeten, in den Bildern großer Träume immer wieder Ausdruck gefunden hat. Es ist die Sehnsucht, der Traum, dass die Zerrissenheit unseres Menschseins, die Zerrissenheit unserer Welt ein Ende haben möge.

Es gibt kein Leben ohne solche Sehnsucht, denn „Träume bewahren die Welt vor dem Untergang" (Ilse Aichinger). Darum ist Kurt Martis „Traum vom Frieden" wichtig:

> „Ich träume den Frieden primär nicht als einen Zustand, den Regierungen ins Werk setzen könnten. Ich träume ihn – konkreter – als eine Gemeinschaft befriedeter Menschen, die sein dürfen, was sie sein können, die deshalb aggressionsfrei, dafür liebesfähig geworden sind. Ich träume Menschen, die ihre Arbeit, ihre Lebensbedingungen lieben können, die darum auch im Umgang mit sich und mit den andern hilfsbereit, offen, liebevoll werden. Die Stadt ohne Angst ist die Stadt der Freundschaft. Wer fürchtet, diese Stadt könnte langweilig werden, hat noch nicht begriffen, dass es nichts Anregenderes, Spannenderes, Kurzweiligeres gibt als Freundschaft, als Liebe, durch die unser verschlossenes Leben sich öffnet, um andere einzulassen, aufzunehmen, die mit ihrem Dasein Innovation, Spannung, Erweiterung in unseren Alltag bringen, ihn in immer reicheren All-Tag verwandeln."

Der oder das Böse gewinnt Macht über uns, wo solche Träume nicht mehr die Kehrseite unserer Klagen sind.

Darum gilt:

Schließt Frieden mit euren Träumen,
setzt eure Namenszüge darunter,
seid gut zu ihnen,
so sind sie auch gut zu euch
und machen euch besser
(Kurt Marti)

Gott neu denken

Gott ist nicht allein ein Thema für Theologen oder Kirchenleute, auch nicht nur für Fromme. Dies ist keine leere Behauptung, etwa um durch die Hintertür den Anspruch Gottes auf alle Menschen, seien sie Christen oder Heiden, einzuführen, sondern ein Blick in säkulare Medien, zum Beispiel in die Presse, bestätigt meine Behauptung.
Der *Merkur*, eine renommierte Zeitschrift für europäisches Denken, widmete im Herbst 1999 ein Sonderheft im Umfang von rund 230 Seiten dem Thema *Nach Gott fragen*. Das Vorwort beginnt mit dem Satz: „Diese Zeitschrift verfocht nie theologische Interessen." Am Schluss heißt es: „Nach Gott zu fragen ... mit Blick auf das Religiöse in der säkularen Welt ist ein Exerzitium. Mit leichter Drohung gesprochen: Wer es ausschlägt, nimmt Schaden – der Gläubige an seiner Seele, der Ungläubige an seinem Intellekt."
Der „Merkur" ist keine Einzelstimme. In der *Neuen Zürcher Zeitung* vom 29. Mai 1999 erschien ein Artikel über die mangelhafte Qualität kirchlicher Rede. Der Verfasser greift dabei auf eine Passage in Robert Musils Roman „Der Mann ohne Eigenschaften" zurück. Musil schlägt die Einrichtung eines „Erdensekretariats für Genauigkeit und Seele" vor. Es soll die Sprachschluderei, bei der einstmals klare Begriffe nur noch wie beliebige Etiketten benutzt werden, bekämpfen. Predigten ähneln nur zu oft solcher Etikettenkleberei. „Man hat bestimmte Begriffe aus alten Zeiten und klebt sie auf neue Sachverhalte."

Einstmals klare Begriffe wie Etiketten verbrauchen – damit ist das Grundproblem allen Redens von Gott benannt, wo immer es geschieht. Weil dies so ist, ist – im Sinne der Zeitschrift „Merkur" – ein Exerzitium notwendig, um Schaden an Seele und Intellekt abzuwehren. Dabei interessiert mich die Unterscheidung zwischen Gläubigen und Ungläubigen wenig oder gar nicht. Ich glaube nämlich nicht daran.

Günter Eich sagt in seiner Büchnerpreisrede im Jahre 1959: „Von Gott kann man nicht sprechen, wenn man nicht weiß, was Sprache ist. Tut man es dennoch, so zerstört man seinen Namen und erniedrigt ihn zur Propagandaformel." Weil Eich recht hat und weil der Zerstörungsprozess längst begonnen hat, setze ich mit Überlegungen zur Sprache ein, und zwar zum doppelten Gebrauch unserer Sprache. Der Literaturwissenschaftler *Johannes Anderegg* unterscheidet zwischen „instrumentellem" und „medialem" Sprachgebrauch. Ich übernehme diese Unterscheidung, weil sie in das Gelände von Reden und Verstehen die notwendige Klarheit bringen kann. Das gilt für religiöse wie für nichtreligiöse Aussagen gleichermaßen. Der *instrumentelle Sprachgebrauch* lässt sich zusammenfassend folgendermaßen charakterisieren: Im Allgemeinen gehen wir davon aus, dass die Gegenstände und Sachverhalte, mit denen wir es im Alltag zu tun haben und die wir alltäglich sprachlich benennen, eindeutig gegeben seien. Folglich erscheint uns die „Alltagssprache als Instrument für Bezeichnungen und Benennungen", die wir für problemlos halten, ebenso problemlos wie die Wirklichkeit, die uns umgibt. Dies alles ist jedoch eine grandiose Selbsttäuschung. Wir übersehen dabei nämlich, dass das, was wir für unsere eindeutige Wirklichkeit halten, in Wahrheit eine von vielen Möglichkeiten der Interpretation von Wirklichkeit ist. Wahrgenommene Wirklichkeit ist interpretierte Wirklichkeit. Neben unserem Wahrnehmungshorizont, der unsere Interpretation bestimmt, gibt es andere Wahrnehmungshorizonte und folglich andere Interpretationen dessen, was Menschen für Wirklichkeit halten. Mit unserer Sprache artikulieren wir eine Möglichkeit, Wirklichkeit zu verstehen – und werden dadurch lebensfähig, kommunikationsfähig, weltfähig, denn wären wir permanent der Fülle von Wirklichkeitsinterpretationen ausgesetzt, würden wir im Chaos untergehen.

Man kann also sagen: Sprache stellt wahrnehmbare Welt erst her. Dass wir diesen Vorgang in der Regel gar nicht bemerken, dass wir ihn also nicht bewusst vollziehen, liegt daran, dass uns Konventionen leiten, über die wir nicht jedes Mal neu nachdenken. Unsere Wahrnehmungsweisen sind eingeschliffen. Darum gelingt, mindestens in vielen Fällen, Verständigung einigermaßen mühelos. Mit Worten von Anderegg: „Im Alltag werden wir der konstitutiven Dimension von Sprache nicht gewahr, weil wir die Sprache nicht eigentlich konstituierend gebrauchen, sondern auf bereits vollzogene Konstituierungen bestätigend Bezug nehmen, weil die Welten, auf die wir uns beziehen, uns als Konventionen schon vertraut sind ... So gesehen ist die Sprache im Alltag: ein Instrument zur Bezeichnung von Gegebenem."

Zur Eigenart instrumenteller Sprache gehört, dass sie das, wovon die Rede ist, fixiert. Sie macht es zum Gegebenen, zum Festgelegten. Damit wird das, was

gesagt wird, verfügbar. Für unser Welt- und Wirklichkeitsverständnis ist dies ungemein folgenreich, denn durch den instrumentellen Sprachgebrauch vergewissern wir uns, „dass wir das Wirkliche haben."
Anders dagegen der *mediale Sprachgebrauch*. Wir kennen ihn alle, aber wir verkennen ihn zu oft. Anders lassen sich viele Missverständnisse oder Verständigungsschwierigkeiten gar nicht erklären.
Nehmen wir die Sprache eines Gedichts oder eines Dramas, einer Fabel oder eines Liedes oder einer Erzählung, eines Abschnittes aus einem Brief, der mehr als die Mitteilung eines Termins enthält, oder religiöse Texte, sei es aus der Schöpfungsgeschichte oder aus den Evangelien oder auch aus ganz anderen religiösen Traditionen, oder einen Mythos oder eine Sage oder eine Legende – immer haben wir es mit einer Sprache zu tun, in der sich die Dinge mit einem Mal nicht aufgrund von Konventionen von selbst verstehen, die Sprache nicht einfach festlegt, sondern ins Offene führt. Anders als im instrumentellen Sprachgebrauch wird der Leser oder der Hörer zu einer Rückfrage, zu einer über den Text hinausführenden Frage gedrängt. Diese weiterbringende, auf neue Spuren führende Frage lautet: *Welchen Sinn* hat das, was geschrieben oder gesagt ist? Die Sprache ist hier also Medium für etwas, was immer erst zu finden ist. Nicht was dasteht, ist das, worum es geht, sondern der mediale Text enthält die Einladung, ihn zu überschreiten. Aber den Sinn, die weiterführende Aussage findet nur, wer sich ganz und gar auf den Text einlässt. Denn er ist das Medium, auf das niemand verzichten kann.
Sinn ist nicht verfügbar. Er ist auch nicht einfach abrufbar. Er gibt sich dem, der Verstehen sucht und

nicht nur Wörter registrieren will. Wo der instrumentelle Sprachgebrauch bezeichnet, was ist, da ermöglicht der mediale Sprachgebrauch Sinnbildung, weil er etwas erfahren lässt, „das in erprobendem Begreifen und Konstituieren prozeßhaft gebildet werden muß."

Was hier die Frage nach Sinn genannt wird, zielt auf die existentielle Dimension von Texten. Die Frage danach ist nicht peripher, sondern grundlegend. Sich im medialen Sprachgebrauch auf sie einlassend, erfährt der Mensch, anders als im instrumentellen Sprachgebrauch, mehr und anderes über sich und seine Welt, als er immer schon weiß. Im medialen Sprachgebrauch werden jene Welten überschritten, transzendiert, derer sich Leser oder Hörer in instrumenteller Sprache vergewissern – vergewissern müssen, um im Alltag der Welt bestehen zu können. Aber ebenso gilt umgekehrt: Im medialen Sprachgebrauch wird es möglich, die eigene Existenz und die der Mitmenschen anders zu begreifen, als es die Prägung durch Konventionen oder common sense vorsehen, was auf anderer Ebene nicht weniger wichtig ist als die Lebenssicherung durch instrumentelle Sprache. Die Unterscheidung zwischen instrumentellem und medialem Sprachgebrauch darf nicht zu dem Trugschluss führen, als hätten wir es mit zwei Sprachen mit je eigenem Wortschatz zu tun. Dann handelte es sich um verschiedene Sprachen, je nachdem ob wir ein Kochbuch oder einen Liebesbrief lesen oder schreiben (obwohl doch Liebe durch den Magen geht – was im Unterschied zum Kochrezept eine Aussage medialen Sprachgebrauchs ist). Nein, der mediale Sprachgebrauch bedient sich der Worte, die uns aus dem Umgang mit dem instrumentellen Sprachge-

brauch wohl vertraut sind. Daher kann Anderegg von „einer Verwandlung von der Instrumentalität in die Medialität“ sprechen. Der mediale Sprachgebrauch ist ein verwandelter Sprachgebrauch.
Ohne uns des instrumentellen Sprachgebrauchs zu bedienen, wären wir nicht lebensfähig. Beschränken wir uns aber allein auf instrumentellen Sprachgebrauch, dann bleiben wir, möglicherweise gut funktionierend, begrenzt und fixiert auf das Gegebene. In das, was ist und was benennbar ist, kommt durch den medialen Sprachgebrauch Bewegung. In dieser Bewegung öffnet sich ein Prozess, in dem die Welt neu erscheinen kann. Darum ist der Gefahr zu widerstehen, dass Leben verarmt und Sinn verkümmert, weil der instrumentelle Sprachgebrauch die Alleinherrschaft übernimmt.

Bisher war allgemein von Problemen der Sprache die Rede. Im nächsten Schritt gilt es, Zweisprachigkeit für die *Sprache der Religionen* zu bedenken. Dies ist besonders dringlich, weil die Sprache der Religionen in ihren entscheidenden Aussagen eine Sprache der Symbole ist. Sprache der Symbole ist in der Terminologie Andereggs, der wir uns bisher bedient haben, mediale Sprache.
Ich verstehe den Begriff Symbol (im Anschluss an Peter Biehls grundlegende Arbeiten) folgendermaßen: Symbole sind Herausforderungen zu kreativem Denken. In Symbolen können Tiefenschichten und utopische Gehalte dargestellt und zugleich verhüllt werden. Dass die Verhüllung durchstoßen werden kann, verweist auf den Anteil des Subjekts am Symbolverstehen. Das Subjekt muss die Spannung

bewältigen, die darin besteht, dass das Gesagte nicht identisch ist mit dem Gemeinten. Umgang mit Symbolen heißt, in die Offenheit eintreten, in der eine Sinnfindung möglich ist, die das Gesagte übersteigt. Diese Umschreibung verweist zugleich darauf, dass der Sinn des Symbols nicht immer eindeutig sein kann. Das Symbol öffnet einen „Erfahrungsraum", in dem unterschiedliche Subjekte unterschiedliche Erfahrungen machen können. Aber in jedem Fall geht es darum, das Symbol *als Symbol* zu verstehen und nicht als Tatsachennachricht. Es geht nicht um „Wörtliches", sondern um übertragendes Verstehen. Hier, bei der symbolischen Rede als dem geradezu klassischen Fall medialer Sprache, liegt das entscheidende Problem religiösen Redens und Verstehens. Hier liegt zugleich der Grund endloser Kontroversen. Lawinen von theologischen und kirchlichen Streitigkeiten, deren Literatur die Regale endlos füllt, nicht nur in der Vergangenheit, sondern bis zum heutigen Tag, sind dadurch ausgelöst worden. Man braucht nur an den Streit um die Auferstehung Jesu oder um die Jungfrauengeburt zu denken. Es ist ein Streit, der nur dann zu beenden wäre, wenn man sich auf die Unterscheidung zwischen instrumenteller und medialer, symbolischer Rede einigen würde. Dies aber gelingt kaum, weil beide Male dieselben Wörter gebraucht werden. Ein Seismograph für den Unverstand in Sachen religiöser Sprache ist der Stil von Meinungsumfragen, wie etwa der SPIEGEL-Umfrage „Was glauben die Deutschen?" Weil hier alles auf der Ebene instrumenteller Sprache angesiedelt wird, also auf der Ebene einer Sprache, die nur „Fakten, Fakten, Fakten" kennt, kann man die unsinnigsten Fragen formulieren: wer an die Jungfrauengeburt glaube oder an ein Leben nach dem Tod. Es wird alles auf der Ebene der Information über die Schuhgröße von Fritzchen Müller verhandelt. Und die Antworten hält man dann für aufschlussreich. Aufschlussreich wofür eigentlich? Zugleich wird damit Religion in eine außerhalb der Welt liegende Provinz abgedrängt, deren Bewohner als intellektuell unterbelichtet erscheinen.

Dorothee Sölle gehört zu denen, die – mit dem Titel einer ihrer Aufsätze formuliert – auf der Suche nach einer neuen Sprache sind. Dabei geht sie von einer Infragestellung der uns gewohnten Trennung zwischen Theologie und Literatur aus. Sie fragt: „Warum gibt es überhaupt Theo-*logie* und nicht Theo-*poesie*?" Was würde der Verfasser eines biblischen Psalms zum Beispiel zu der gängigen Aufteilung zwischen Poesie und Religion sagen? Um die Eindimensionalität der Begriffssprache zu überwinden, spricht Dorothee Sölle nicht von Literatur und Theologie, sondern von Poesie und Gebet. Ihr „metaphysisch-ästhetischer Traum ist die vollkommene Poesie, die zugleich reines Gebet wäre." Beispiele, die sich diesem Ziel nähern, sind etwa Klopstock oder Hölderlin, in der Gegenwart Paul Celan, Ingeborg Bachmann oder Nelly Sachs, und es ist ja auch alles andere als zufällig, dass Dorothee Sölle selbst entscheidende theologische Aussagen in der Form von Gedichten macht.

Folgt man Sölles Gedankengang, so wird Schritt für Schritt deutlich, dass sie in anderen Formulierungen für jene Sprache plädiert, die Anderegg mediale Sprache nennt. Weder Religion noch Dichtung lassen sich in instrumentelle Sprache einsperren. Ohne Symbole, ohne mediale Sprache, in Dorothee Sölles

Terminologie ohne Poesie und Gebet, lassen sich die Visionen, die Träume der Menschen nicht formulieren. Instrumentelle Sprache kann nicht sagen, was sein könnte, was sein sollte, sie kann nur sagen, was ist. Darum brauchen Religionen poetische Sprache. Bezeichnenderweise ist die Bibel voller Bilder, Gleichnisse und Symbole, aber nicht voller theologischer Definitionen, voller Erzählungen, aber nicht voller wissenschaftlicher Referate. Wir bedürfen der poetischen Sprache, wenn es um unsere Existenz geht. Mit Sölles eigenen Worten:

> „Die nur rationale Sprache genügt nicht. Sie ist zu klein für unsere Bedürfnisse. Sie erklärt, aber sie sättigt nicht. Sie ‚leuchtet' – wenn auch selten – ‚ein', aber sie wärmt nicht. Sie definiert, setzt Begrenzungen, sie kritisiert, macht Unterscheidungen möglich, aber das Wichtigste, was wir als Menschen tun können, auch und gerade mit unserer Sprache, nämlich kommunizieren, ist in dieser Sprache nicht angestrebt. Bestenfalls spart die Aufklärung den Raum aus, in dem wir das Leben miteinander teilen können. Bestenfalls beschützt die Sprache der Aufklärung den Ort und die Zeit, wo wir die Heiligkeit des Lebens berühren und miteinander teilen. Sie wehrt sich gegen seine Zerstörung ... Aber die Sprache der Aufklärung sagt nicht, was es bedeutet, Gott über alle Dinge zu lieben."

Zweierlei erscheint mir in dieser Argumentation wichtig. Erstens: Nicht zufällig ist vom menschlichen Leben und seinen Grundbedürfnissen und von der

Religion – „was es bedeutet, Gott über alle Dinge zu lieben"– in einem Atemzug die Rede. Denn ihr Sinn liegt in nichts anderem als in ihrer Zusammengehörigkeit. Wer sie trennt, wer sie getrennt gegeneinander verselbständigt, entleert sie beide. In der Religion ist das Leben Thema, nichts anderes, und das Leben ist der Ort der Religion. Beieinander sind beide darin, dass sie beide gleichermaßen poetischer, medialer Sprache bedürfen. Religiöse Sprache ist keine Extrasprache. Oder auch umgekehrt: An der Verkommenheit unserer Sprache, an ihrer Verkürzung durch instrumentelles Reden, leiden wir im Leben nicht weniger als in der Religion. Und zweitens: Dies alles ist kein Schritt zurück hinter die Aufklärung. Ein solcher Schritt wäre blanker Unsinn. Aber wir müssen aufpassen, dass das Plädoyer, das berechtigte und notwendige Plädoyer für die Aufklärung, nicht umschlägt in eine Verabsolutierung der Ratio und der rationalen Sprache. Der Mensch ist mehr und anderes als ein Kopf auf zwei Beinen. Darauf kann unter anderem auch die Sprache der Religionen aufmerksam machen. Freilich nur dann, wenn wir keinem sterilen Wiederholungszwang erliegen und dabei auch noch dem Irrtum aufsitzen, wir sagten irgendetwas aus. Und ebenso nur dann, wenn wir die Symbole der Religion nicht kurzerhand in instrumenteller Sprache verfälschen. Bei allen großen Leistungen ist dies eine spezifische Gefahr der Wissenschaft, also auch der Theologie.
Die Frage, wie Gott heute zu denken sei und wie man von ihm reden könne, hat dazu genötigt, über die menschliche Sprache allgemein und über religiöse Sprache speziell nachzudenken. Dabei hat sich ergeben: Was antike Menschen wörtlich verstanden

haben – Gott ist allmächtig, oder: Jesus ist auferstanden – müssen wir heute medial verstehen, als symbolische Aussagen. Denn wir sind keine antiken Menschen. Unsere Denkvoraussetzungen und unser Weltverständnis haben sich verändert. Zwischen uns und der Antike liegt die Aufklärung mit allen ihren Folgen, auch jenen, die symbolisches Verstehen erschweren. Im Prozess symbolisch-medialen Verstehens kann sich das Gottesbild auch verändern.

Wie aber verträgt sich die Rede von Wandlungen Gottes mit der gängigen Auffassung, dass Gott von Ewigkeit zu Ewigkeit derselbe sei, geradezu ein Garant der Unwandelbarkeit? Wie verhält sich ein nicht-statisches Gottesbild zur biblischen Überlieferung, der Urkunde unseres Redens von Gott? Kann man denn Gott anders denken als unveränderlich? Was hat überhaupt noch Bestand, wenn nicht einmal jenes Bild von Gott, das vielen seit Kindertagen vertraut ist?

Die Fragen ließen sich vermehren. Sie spiegeln, in welchem Maße wir in Konventionen von Gott denken. Wo Konventionen angetastet werden, noch dazu, wenn sie emotional besetzt sind, entstehen Irritationen. Sie beruhen sehr oft auf mangelhaften Kenntnissen. Also ist eine *theologische Zwischenüberlegung* nötig.

Befragt man die alttestamentliche Wissenschaft und die religionswissenschaftliche Forschung, dann ist das Bild rasch sehr eindeutig: Israels Glaube an Gott war im Laufe seiner Geschichte einer Fülle von Beeinflussungen durch benachbarte Religionen unterworfen. Diese Einflüsse haben immer wieder zu

Umformungen der bis dahin gültigen Glaubensvorstellungen geführt. Da waren Einflüsse der Aramäer und der Midianiter und ihrer Religionen; da kamen Einflüsse aus Ägypten und Mesopotamien, da wirkten religiöse Vorstellungen auf Israel ein, die in Jerusalem beheimatet waren, und als der israelitische König David Jerusalem erobert hatte, war der Einfluss der dortigen Religion auf Israels Glauben unausweichlich. Viele Vorstellungen wurden durch die Kanaanäer vermittelt. Schießlich spielen auch iranische Einflüsse eine Rolle. Der Alttestamentler Werner Schmidt fasst die komplexe Situation in einer religionsgeschichtlichen Darstellung zusammen: „Demnach waren die Beziehungen zu den Nachbarreligionen vielfältig, wechselten im Lauf der Geschichte und bleiben im Einzelnen oft auch nur schwer durchschaubar."

Aber ob im Einzelnen immer durchschaubar oder nicht, deutlich ist, dass sich Israels Religion im Laufe seiner Geschichte in Auseinandersetzungsprozessen mit anderen Religionen prozesshaft herausgebildet hat. Sie war nicht von Anfang an unverrückbar „fertig" (was ja auch historisch-psychologisch eine ganz abenteuerliche Vorstellung wäre). In langen Prozessen haben „die verschiedenartigen, mannigfachen Einflüsse von außen nicht nur entfaltet, was von Anfang an angelegt ist, sondern haben unvorhersehbar Neues entstehen lassen – auch in Gottesaussagen." (W. Schmidt)
Dieser religionsgeschichtliche Befund dokumentiert, dass die Wandlungen Gottes nirgendwo anders als in Israels Überlieferungen, also im Alten Testament selbst, angelegt sind. Es erwies sich als notwendig,

Gott immer wieder neu zu denken. Dass die Vorstellungen und somit das Reden von Gott sich ändern, im Wechsel der geschichtlichen Situationen, angesichts der Herausforderungen durch konkurrierende religiöse Vorstellungen, ist keine Abweichung, sondern es gehört konstitutiv zu Israels Vorstellung von seinem Gott. Die Begegnung mit Neuem, mit Andersartigem, mit Fremdem hindert daran, bei den erreichten Einsichten zu verharren. Sie gewährt vielmehr neue Möglichkeiten, sie treibt die Einsicht weiter und vergrößert den Vorstellungsraum. Der Horizont wird weiter. So hält Israel im Gang seiner Geschichte einerseits an schon mitgebrachten Vorstellungen fest, und andererseits lässt es sich auf neue ein. Damit werden die Grenzen des Hergebrachten nicht selten gesprengt. Was wir Identität nennen, bekommt hier eine eigene Färbung. Sie spricht sich nicht nur auf verschiedene Weise aus, „sondern äußert sich, bewährt und erweist sich zugleich im Aufnehmen und Umformen, im Verwandeln und damit Sich-Anverwandeln." Das ist ein kritischer Prozess.

Ehe wir uns diesen kritischen Prozess an einigen Beispielen konkret vor Augen führen, will ich hier schon eine weiterreichende Folgerung ziehen: Gott heute denken, von Gott heute reden, ist zu begreifen als die Fortsetzung des im Alten Testament grundgelegten Prozesses von Aufnehmen, Umformen und Verwandeln. Gott heute denken kann nicht einfach Wiederholung immer Desselben sein, das man nur zu „glauben" habe. Gott heute denken meint kreativen Umgang mit der Überlieferung. Davon wird in der gegenwärtigen Theologie und in der kirchlichen Predigt aufs Ganze gesehen – Ausnahmen gibt es immer – zu wenig wahrnehmbar. Zu kreativem Umgang mit der Überlieferung gehören selbstverständlich auch Veränderungen überlieferter Vorstellungen, Veränderungen, die durch Zeit und Geschichte bedingt sind. Nach Auschwitz kann man von Gott nicht reden wie vor Auschwitz.

Ich will nun an einigen ausgewählten Beispielen zeigen, wie sich Israels Gottesbild im Laufe seiner Geschichte verändert. Alle Beispiele sagen dasselbe: Israel erweitert sein Gottesverständnis.

Wir kennen aus dem Alten Testament die Vorstellung vom *Königtum Gottes.* „Jahwe herrscht als König in Ewigkeit" heißt es in Psalm 146. Die Vorstellung einer Königsherrschaft Gottes findet ihre Verlängerung im Neuen Testament. Viele Kirchenlieder haben das Bildmaterial aufgenommen und variiert. Nun zeigt sich aber, dass in den frühen Überlieferungen Israels die Rede von Gott als König gar nicht vorkommt. Israel kannte Gott nicht als König und verehrte ihn nicht als König.

Anders ist das in der kanaanäischen Religion, also der Religion in jenem Land, in dem Israel später sesshaft geworden ist. Hier kennt man die Verehrung Gottes als König, genauer zweier Götter, nämlich El und Baal. Der Schluss liegt auf der Hand: Jahwes Königtum basiert auf der Übernahme kanaanäischer Vorstellungen. Und auch das Motiv der Übernahme wird hier sichtbar: „Um die fremden Götter ihrer Vormacht im Lande zu berauben, zog Jahwe Wesenszüge dieser Götter auf sich und Israel verkündete: ‚Jahwe – und nicht El oder Baal – ist König'."

So wird die Reichweite der Macht des eigenen Gottes erweitert und zugleich die Macht der Fremdgötter bestritten.

Nicht anders verhält es sich zum Beispiel auch bei der Aussage, dass Gott *heilig* sei, einer Aussage, die uns durch ihre Wirkungsgeschichte geradezu selbstverständlich erscheint. Aber auch sie ist keineswegs grundlegend für Israels Glauben. Auch hier hat Israel aus seiner kanaanäischen Umwelt etwas übernommen. Der Religionsgeschichtler urteilt: „Allem Anschein nach hat Israel erst von den Kanaanäern gelernt, Jahwe ‚heilig' zu nennen; mancherlei Querverbindungen legen diese Schlussfolgerung nahe. Die frühen Traditionen kannten dieses Prädikat so wenig wie den Königstitel ... Vor der Einwanderung ins Kulturland und der Begegnung mit der kanaanäischen Religion scheint Israel Jahwe nicht als ‚heilig' verehrt zu haben."

Und wer kennt nicht aus kirchlichen Redegewohnheiten die Formel vom *„lebendigen Gott"*! In frommer Tradition fest verankert, begegnet sie in zahllosen Predigten. Aber ursprünglich ist sie nicht biblisch. Wenn im Alten Testament von Gott als dem Lebendigen die Rede ist, handelt es sich wiederum um eine fremde Gottesbezeichnung, die Israel übernommen hat. Zugleich wird hier auch erkennbar, dass die Übernahme nicht unkritisch erfolgt ist, denn die fremde Bezeichnung wird für den eigenen Denkhorizont umgedeutet. Der „lebendige Gott" ist ursprünglich der Gott eines Mythos, wie er in vielen orientalischen Ausformungen in den Vorstellungen vom sterbenden und auferstehenden Gott begegnet. Israel macht daraus den Gott der Geschichte, um in dieser Formel seine eigenen Erfahrungen mit Gott unter einer neuen Bezeichnung artikulieren zu können.

Schließlich zur Vorstellung von Gott als dem *Schöp-*

fer. Israel hatte ursprünglich keine eigene Schöpfungsgeschichte, obwohl gerade im Alten Orient Kosmogonien besondere Bedeutung hatten. In Israel war vom Glauben an einen Schöpfer in den ältesten Schichten der Überlieferung, also in der Väterverheißung, in der Auszugstradition und in der Sinaioffenbarung, keine Rede. Mit vielen Unterschieden im Einzelnen muss man die biblischen Schöpfungsüberlieferungen im Zusammenhang mit dem babylonischen Weltschöpfungsepos Enuma elisch sehen. Mit seiner Rezeption wurde Israels Gott, der zunächst Retter in der Not war, in eine erweiterte „Rolle" gebracht. Man kann dies durchaus als einen Lernprozess Israels begreifen. Gott neu denken müssen, heißt lernen, heißt dazulernen müssen. „Als Israel lernte, Natur und Welt insgesamt als Werk Jahwes und die Menschheit als seine Geschöpfe zu verstehen, war von vornherein gewiss, dass der Schöpfer der Befreier und Erlöser ist." (W. Schmidt)
Diese wenigen Beispiele genügen hier, um zu verdeutlichen: Das Alte Testament kennt nicht eine standardisierte, ein für allemal in sich abgeschlossene Vorstellung von Gott, sondern mit dem Weg durch die Geschichte, beginnend mit einer nomadischen Sippe und über viele weitere Stationen führend, ist ein Lernprozess verbunden, in dem die Menschen ihr Bild von Gott, der mit ihnen geht, in der Auseinandersetzung mit Religionen und Kulturen, in schicksalhaften Höhen und Tiefen, verändern. Das meint die Formel „Gott denken". Auch im Alten Testament haben die Menschen nicht immer das gleiche von Gott gedacht. Wie sollte das auch möglich sein, wenn doch das Alte Testament – in seiner Sprache – die Beziehung Gottes zu Menschen in ihrer Geschichte

zum Ausdruck bringen wollte? Dadurch ist Gott zu einem Gott in der Geschichte geworden. Also muss er geschichtlich, geschichtsbezogen verstanden werden.
Nicht verschweigen darf man, dass alle hier genannten Beobachtungen zum Gottesbild des Alten Testaments keineswegs neu sind. Sie sind lange bekannt. Aber sie sind in das Bewusstsein des Kirchenvolks kaum eingedrungen. Sie haben die Volksfrömmigkeit mit ihrem naiven Gottesverständnis nicht erreicht – in weiten Kreisen nicht einmal die Pfarrerschaft, wie viele Predigten belegen.

Ich gehe einen großen Schritt über das Alte Testament hinaus. Gottes Geschichte der Wandlungen endet nicht im Alten Testament, sondern sie geht weiter. Sie geht weiter in den Bildern und Vorstellungen der Menschen, wie sie sich in den Dichtungen der Welt niederschlagen. Hier hat die Frage nach dem Verhältnis zwischen der Bibel und der „weltlichen" Literatur, zwischen Theologie und Dichtung ihren Grund. *Walter Jens* und *Hans Küng* haben sich, neben Dorothee Sölle und anderen, diesem Problemkreis besonders intensiv gewidmet. Ihre Beiträge auf einem Symposion zu diesem Thema, das 1984 in Tübingen stattfand, sind für den Dialog richtungweisend geworden – richtungweisend auch für die Frage, ob die Theologie für die Rede von Gott etwa von den Dichtern lernen könne.

Küng schreibt den Theologen ins Stammbuch, was sie zu beachten und zu bedenken hätten. Zunächst müssten sie aufhören, Literatur lediglich zum Zwecke der Illustration oder zur Selbstbestätigung zu benutzen, so als wären die eigenen Inhalte der Theologie unveränderlich festgeschrieben, und dies natürlich im Unterschied zur Literatur, die man meint, nach Belieben einsetzen zu können. Hier sollte Theologie hinsichtlich ihres Wahrheitsanspruchs bescheidener werden. Der Theologie würde es vielmehr dienlich sein, wenn sie entdeckte, was qualifizierte Literatur auszeichnet: „Krisenwahrnehmung, authentische Subjektivität", die zu überspielen anmaßend ist; außerdem: Die Literatur bietet neue Gestaltungsweisen, neue Formgebungen, neue Bewältigungsweisen und Artikulationen neuer Hoffnung. „Unendlich viel wäre erreicht", fordert Hans Küng, „wenn Theologie aufhörte, obsolet gewordene binnentheologische Probleme zu traktieren ... und sich die Wahrnehmungsfähigkeit, die Sprachkraft und den Gestaltungswillen der Literatur ein Stück weit zu eigen machte: um der Bewältigung der wahren Probleme des Menschen willen, an die sich Theologie wie Literatur im Wort, mittels der Sprache richten." „Sprachkraft" und „Gestaltungswillen" der Literatur soll sich die Theologie ein Stück weit zu eigen machen – ich füge hinzu: weil es dem weithin unbedachten Reden von Gott genau daran fehlt. In dieser Forderung ist Küng der Auffassung von Dorothee Sölle sehr nahe, wenn er an anderer Stelle weitergehend formuliert: „Dichtung und Religion in einem: Thema einer mehrtausendjährigen Vergangenheit. Dichtung und Religion in einem: Thema der Hoffnung auf eine neue Zukunft – eine Zeit, die eine Dichtung hervorbringen möge, in der große Theologie und große Ästhetik in exemplarischer Weise sich verschwistern."

Diese Aussagen stecken das Terrain ab, auf dem die Nachbarschaft zwischen Dichtung und Religion ihren Ort hat. Walter Jens geht einen Schritt weiter, wenn er am Beispiel eines Bildes von Vincent van Gogh und eines dazugehörigen Briefes des Malers an seinen Bruder verdeutlicht, wie unter ästhetischem Gesichtspunkt von Gott oder von Jesus Christus geredet werden kann. Das muss man in Jens' eigener Diktion lesen:

> „Es verriet ... ebensoviel artistischen Sachverstand wie religiösen Takt, als Vincent van Gogh – bestrebt, Jesus zu malen, wie er Lazarus erweckte – keine Figur, sondern ... die Sonne malte – van Gogh, genauer als viele Schriftsteller, wusste, dass das Mysterium am ehesten von der Peripherie her, mit Hilfe objektiver Korrelate und Bild-Elemente, die aufs Zentrum verweisen, indem sie es aussparen, künstlerisch gebannt werden kann: ‚Wenn ich hierbleibe', so van Gogh im Brief an Bruder Theo, ‚werde ich nicht versuchen, einen Christus im Olivengarten zu malen; vielmehr die Olivenernte, so wie man sie noch sieht, und wenn ich darin die wahren Verhältnisse der Gestalt auffinde, so kann man an jenes denken.' Das sind Schlüsselsätze aus einem geheimen Lehrbuch der religiösen Kunst ... Denke bei dem, was man noch sieht, an jenes: Das van Goghsche Axiom will sagen: Nur vom Rand aus, von der Welt her, nur vom Sichtbar-Profanen, dem Alltäglichen des Hier und Jetzt, nur vom Natürlichen der Wirklichkeit, vom Relativen und Wandelbaren, nur vom Endlichen aus kann, durch

> die Vermittlung der Kunst, aufs – vielleicht – Unendliche, nur vom Vorläufigen aufs Definitive, vom Besonderen auf jenes Absolute verwiesen werden, das sich im Partikulären manifestiert."

In ihren immer wieder neuen, einander fast jagenden Ansätzen und Entgegensetzungen spiegeln diese Thesen die Innenspannung religiöser Rede und religiöser Kunst. Zugleich stellen Jens und Küng unser Thema in einen neuen Denkzusammenhang, der auch schon bei Dorothee Sölle eine Rolle spielt, nur dort weniger ausformuliert ist. Das ist der Zusammenhang zwischen Religion und religiöser Rede einerseits und Ästhetik, ästhetischer Wahrnehmung und Darstellung andererseits. Die ästhetische Frage setzt ein beim Verhältnis zwischen Form und Inhalt und bei der Wahrnehmung von Inhalten über die Form. Daraus folgt die Unterscheidung zwischen zwei Typen von Rationalität, nämlich szientifischer, also wissenschaftlich-intellektueller, und ästhetischer Rationalität. Auf diese beiden Aspekte der verzweigten Thematik muss ich mich hier beschränken. *Albrecht Grözinger* hat herausgearbeitet, welche Bedeutung die Ästhetik für Theologie und Religion hat. Ihn leitet dabei der Begriff der ästhetischen Erfahrung. Dieser Begriff wird durch den Rückbezug auf die Bedeutung der Form inhaltlich gefüllt. Denn die Form macht den Inhalt in seiner Eigenart oder in seiner Besonderheit erst wahrnehmbar. Das gilt nicht nur für den Bereich der Kunst, sondern für die gesamte Lebenswelt. Also lassen sich Form und Inhalt wohl unterscheiden, aber sinnvollerweise nicht trennen. Die Form konstituiert, was als Inhalt erfah-

ren wird. Der Inhalt determiniert die Form – und umgekehrt.
Grözingers Argumentation ist schlüssig. Man mag sie beziehen, auf welchen „einschlägigen Fall" man will: auf ein Bild von Rembrandt oder Picasso, auf ein Gedicht oder eine Erzählung – oder auf religiöse Reden. Also erfordert, Gott neu zu denken, die Suche nach neuen Sprachformen. Oder umgekehrt: Viele Aussagen über Gott erscheinen uns deswegen so unerträglich oder so nichtssagend, weil die falsche oder inadäquate Form den Inhalt widerlegt oder abtötet.
Die Erörterung des Zusammenhangs von Dichtung und Religion führt in den ästhetischen Zusammenhang. Denn wenn religiöse Aussagen in poetischer Sprache erfolgen können, ist ihre Wahrnehmung nicht nur eine wissenschaftlich-theologische, sondern notwendigerweise zugleich auch eine ästhetische. Gott neu zu denken verweist in die Nähe zwischen Theologie und Ästhetik.

Was ist das Ergebnis unserer Überlegungen zwischen Sprache, Theologie und Poesie? Ich fasse es in einigen Sätzen zusammen und konkretisiere es mit drei Beispielen.
Die unreflektierte Weise, von oder mit Gott zu reden, in der Gott so etwas wird wie ein guter Nachbar oder ein Kumpel – diese Weise ist an ihr Ende geraten, weil sie symbolischer Sprache unangemessen ist. Das gilt auch für Gott als den Alleskönner, den Allmächtigen, den Allgegenwärtigen. Die Gedankenlosigkeit, die sich dahinter verbirgt, ist unerträglich, und die Naivität, die sich da zu Worte meldet, ist er-

schlichen, weil sie unserem Weltverständnis widerspricht. Aber wir werden auch die biblische Sprache nicht unreflektiert und ohne die Zutat unseres eigenen Denkens, die jeder Umgang mit Symbolen verlangt, wiederholen können. Ich ziehe daraus nicht den Schluss, dass man das Wort Gott generell aus unserer Sprache tilgen müsste. Ein derart bedeutungsgeladenes und geschichtsschweres Wort, mit dem Leben und Leiden, Glück und Not ungezählter Menschen verbunden sind, außer Kurs setzen zu wollen, steht niemandem zu, wie denn überhaupt die Vorstellung, man könne die Sprache durch Willensakte verändern, absurd ist. Was notwendig ist, ist etwas ganz anderes: Wir müssen das Symbolwort Gott immer neu in unserer Sprache konkretisieren (statt es nur zu wiederholen), und wir müssen dafür neue, eigene Formen finden. Die klischeehafte Sprache und die Formlosigkeit des Redens von Gott im Alltag, in Kirchen, in Gottesdiensten, in Predigten oder Gebeten sind das Übel. Um dies zu überwinden, muss die Theologie bei Sprachmeistern in die Schule gehen, bei Dichterinnen und Dichtern. Ihre poetischen Lektionen sind für jedermann zugänglich, denn sie liegen vor. Wer nur Traktate oder schlechtes Wissenschaftsdeutsch oder die Regenbogenpresse liest, hat selbst Schuld.

Ich nenne Beispiele für eine Sprache, in der Gott wohnen kann, Sprachproben, in denen Gott neu gedacht ist. Das Wort Gott muss deswegen keineswegs immer vorkommen – ich erinnere an Vincent van Gogh, das Bild und den Brief an den Bruder, und an Walter Jens' Interpretation.

Else Lasker-Schüler: Weltende

Es ist ein Weinen in der Welt,
als ob der liebe Gott gestorben wär,
und der bleierne Schatten, der niederfällt,
lastet grabesschwer.

Komm, wir wollen uns näher verbergen ...
Das Leben liegt in aller Herzen
wie in Särgen.

Du, wir wollen uns tief küssen ...
Es pocht eine Sehnsucht an die Welt,
an der wir sterben müssen.

Das ist ein Gedicht, in das man sich einhören muss, so wie man sich in ein Bild einsehen muss. Die poetische Formung der Worte schafft einen weiten Bedeutungsraum, der Zwischenräume für den Leser oder Hörer offen lässt. Nicht jeder wird dasselbe heraushören. Das ist legitim. Wenn man daran denkt, dass die Dichterin Jüdin war, führt das Weinen in der Welt zu den Feueröfen der Vernichtungslager, und „ob der liebe Gott gestorben" ist, wird zur bedrängend naheliegenden Frage.
Gedicht und Gebet sind zwei Gattungen, die seit altersher dicht beieinander liegen. Vielleicht ist das der deutlichste Beweis dafür, dass sich Theologie oder Religion in der ästhetischen Gestaltung eines Gedichtes ausformulieren lassen.

Dorothee Sölle: Gebet

Gib mir die gabe der tränen gott
gib mir die gabe der sprache

Führ mich aus dem lügenhaus
wasch meine erziehung ab
befreie mich von meiner mutter tochter
nimm meinen schutzwall ein
schleif meine intelligente burg

Gib mir die gabe der tränen gott
gib mir die gabe der sprache

Reinige mich vom verschweigen
gib mir die wörter den neben mir zu erreichen
erinnere mich an die tränen der kleinen studentin in göttingen
wie kann ich reden wenn ich vergessen habe
wie man weint
mach mich naß
versteck mich nicht mehr

Gib mir die gabe der tränen gott
gib mir die gabe der sprache

Zerschlage den hochmut mach mich einfach
laß mich wasser sein das man trinken kann
wie kann ich reden wenn meine tränen nur für mich sind nimm mir das private eigentum und den wunsch danach
gib und ich lerne leben

Gib mir die gabe der tränen gott
gib mir die gabe der sprache
gib mir das wasser des lebens

Im Gedicht ist die Anredestruktur des Gebetes beibehalten und auch die Adressierung an Gott. Dennoch überwindet die Beterin alle Schablonen und Klischees des üblichen Bittgebetes. Wodurch? Indem sie sich in ihrer Subjektivität preisgibt, jenseits aller liturgischen Formelsprache, aber auf einer Ebene, zu der auch andere Zeitgenossen Zutritt haben werden, mindestens partiell. Aber das genügt. Es muss ja nicht jeder in alles einstimmen können. Die strenge Form mit der viermaligen Wiederholung der Leitzeile „Gib mir die gabe der tränen gott" hindert daran, ins Gerede zu verfallen. Und die Alltagssprache führt, sozusagen implizit, dazu, das Symbolwort Gott alltagsbezogen zu denken, nicht jenseitig.

Schließlich ein Gedicht von *Nelly Sachs*:

Gerettet
fällt vieles
in die Körbe der Erinnerungen
denn
auch dieses Nachtalter
wird seine Fossile haben
die schwarz geränderten Trauerschriften
seines schief gewachsenen Staubes.

Vielleicht
auch werden unsere nachgelassenen
Himmel
diese blaßblauen Steine

heilende Magie üben
in andere Höhlen niedergelegt

wird
dein Sterbegespräch
im Wehe-Wind
dem kalten Gespann der
sich streckenden Glieder
Zeiten durchatmen
und
glasbläserhaft biegen
verschwundene Liebesform

für den Mund eines Gottes –

Gewiss ist dieses Gedicht schwerer zugänglich als die beiden anderen. Es erfordert Vertrautheit mit dem Werk der Nelly Sachs, seiner Verwurzelung im alttestamentlich-jüdischen Denken und in chassidischer Mystik. Dann öffnet sich der Erinnerungshorizont, den die Dichterin unter dem Eindruck und der Last der Judenverfolgungen und -ausrottungen in bilderreiche Worte fasst.
Drei Gedichte – alle aus dem 20. Jahrhundert – drei verschiedene Sprechweisen. Bei Else Lasker-Schüler und bei Dorothee Sölle ist die bewusst gesetzte und geformte Alltagssprache das Medium, bei Nelly Sachs dominieren die beim ersten Hören irritierend kühnen Bilder, aber auch sie kommen in unserer Sprache daher. Brauchen wir eine neue Sprache, um Gott zu denken? Nein. Aber wir brauchen ein neues Verhältnis zur Sprache. Wir brauchen eine neue Aufmerksamkeit im Umgang mit der Sprache, damit mutige Sprachkraft, bewusster Gestal-

tungswille und ein neuer Sinn für das Spiel mit Formen sich entfalten können. Dies alles trägt neue Inhalte. Die brauchen wir.
So könnten wir uns dem annähern, was der Philosoph und Sozialwissenschaftler *Max Horkheimer* fordert: „Die Hauptsache scheint mir die Neufassung des menschlichen Verständnisses von Gott zu sein. Gott als positives Dogma wirkt als trennendes Moment. Die Sehnsucht hingegen, dass die Wirklichkeit der Welt mit all ihrem Grauen kein Letztes sei, vereint und verbindet alle Menschen, die sich mit dem Unrecht in dieser Welt nicht abfinden wollen und können. Gott wird so zum Gegenstand der menschlichen Sehnsucht und Ehrung; er hört auf, Objekt des Wissens und des Besitzes zu sein."

Quellennachweise

S. 9 Reinhold Schneider, Das Vaterunser, o.O. 1941
S. 12 Dorothee Sölle, „Das Eis der Seele zu spalten", in: Jahrbuch der Religionspädagogik 4 (1988), S. 3ff.
S. 17f. Bertolt Brecht, Werke. Große kommentierte Berliner und Frankfurter Ausgabe, Band 6: Stücke 6, Mutter Courage und ihre Kinder. © Suhrkamp Verlag, Frankfurt am Main 1989
S. 22f. Kurt Marti, gedult und revolte. die gedichte am rand. © 1995 by Radius-Verlag, Stuttgart
S. 24f. Etty Hillesum, Das denkende Herz der Baracke, Kerle Verlag, Heidelberg, jetzt Freiburg 1983, S. 159
S. 29 f. Elie Wiesel, Ich habe einen Traum, in: DIE ZEIT (1999). Rechte bei Verlag Herder, Freiburg
S. 33f. Martin Luther King, Schöpferischer Widerstand. © Gütersloher Verlagshaus, Gütersloh
S. 36 Johann Baptist Metz, Glaube in Geschichte und Gesellschaft, Matthias-Grünewald-Verlag, Mainz, 5. Auflage 1992
S. 37f. Ernst Lange, Die ökumenische Utopie oder was bewegt die ökumenische Bewegung?, Kreuz Verlag, Stuttgart 1972. Rechte bei Frau Beate Lange
S. 41 Erich Fromm, Über die Liebe zum Leben. Herausgegeben von Hans Jürgen Schultz, Deutscher Taschbuch Verlag, München, 7. Auflage 1997, S. 79ff.
S. 45ff. Kurt Marti, Werkauswahl in fünf Bänden, aus: Namenszug mit Mond, Gedichte. © 1996 Verlag Nagel & Kimche AG, Zürich
S. 52f. Günther Weisenborn, Memorial, Röderberg-

Verlag, Frankfurt am Main 1976. Zitiert nach: Günther Weisenborn, Einmal lass mich traurig sein. Briefe, Lieder, Kassiber 1942–1943, Arche Verlag, Zürich/Hamburg 1984

S. 54ff. Philip Roth, Mein Leben als Sohn. Aus dem Amerikanischen von Jörg Trobitius. © 1992 Carl Hanser Verlag, München–Wien

S. 64f. Saul Friedländer/Jan Philipp Reemtsma, Gebt der Erinnerung Namen, Verlag C.H. Beck, München, 7. Auflage 1997, S. 36

S. 66f. Johann Baptist Metz, Glaube in Geschichte und Gesellschaft, Matthias-Grünewald-Verlag, Mainz, 5. Auflage 1992

S. 68f. Theodor Heuss, Würdigungen, Wunderlich Verlag, Tübingen 1955, darin: Das Mahnmal, S. 400ff.

S. 70ff. Richard von Weizsäcker, Reden und Interviews. Herausgegeben vom Presse- und Informationsamt der Bundesregierung, Bd. 1, Bonn 1986, S. 279ff: Der 8. Mai 1945

S. 73ff. Hilde Domin, Von der Natur nicht vorgesehen. © S. Fischer Verlag GmbH, Frankfurt am Main 1993

S. 83 Milan Kundera, Die unerträgliche Leichtigkeit des Seins. Aus dem Tschechischen von Susanna Roth. © 1984 Carl Hanser Verlag, München - Wien

S. 90 Manfred Josuttis, Reden – Träume – Fragen. Predigten, Kaiser Verlag, München 1974, S. 86ff.

S. 93ff. Helen Schüngel-Straumann, „Von einer Frau nahm die Sünde ihren Anfang"?, aus: Elisabeth Moltmann-Wendel (Hg.), Weiblichkeit in der Theologie. © Gütersloher Verlagshaus, Gütersloh

S.95f. Marie Luise Kaschnitz, Adam und Eva, Scherpe Verlag, Krefeld

S. 98f Eckard Otto, Predigt über 1. Mose 4, Mainz am 11. 11. 1992, unveröffentlicht

S. 100f Hilde Domin, Abel steh auf, aus: dies., Gesammelte Gedichte. © S. Fischer Verlag GmbH, Frankfurt am Main 1987

S. 105 John Steinbeck, Jenseits von Eden. Aus dem Englischen von Harry Kahn. © Paul Zsolnay Verlag, Wien 1992

S. 106f Clara Ascher-Pinkhoff, Sternkinder. © Cecilie Dressler Verlag, Hamburg

S. 112 Heinar Kipphardt, In der Sache J. Robert Oppenheimer, Suhrkamp Verlag, Frankfurt am Main 1964, S. 107f.

S. 118f. Benjamin Franklin, Lebenserinnerungen, Winkler Verlag, München 1983, S. 172

S. 120f. © Kurt Marti. Rechte beim Autor

S. 123 Johannes Anderegg, Sprache und Verwandlung, Vandenhoeck und Ruprecht, Göttingen 1985, S. 43

S. 130 Dorothee Sölle: „Das Eis der Seele zu spalten", in: Jahrbuch für Religionspädagogik 4 (1988), S. 3ff.

S. 133ff. Werner H. Schmidt, Alttestamentlicher Glaube, Neukirchener Verlagshaus, Neukirchen, 8. Auflage 1996, S. 214f; dort auch die folgenden Zitate.

S. 139 Hans Küng, Gegenseitige Herausforderung, in: Jens/Küng/Kuschel (Hg.), Theologie und Literatur. Zum Stand des Dialogs, Kindler Verlag, München 1986, S. 28

S. 140f. Walter Jens, Möglichkeiten und Grenzen eines Dialogs im 20. Jahrhundert, in: Jens/ Küng/ Kuschel (Hg.), a.a.O., S. 48f.

S. 144 Else Lasker-Schüler, Weltende, aus: dies., Gedichte. 1902–1943. © Suhrkamp Verlag, Frankfurt am Main 1996

S. 145f. Dorothee Sölle, Fliegen lernen. Gedichte, Wolfgang Fietkau Verlag, Kleinmachnow, 4. Auflage 1994, S. 35

S. 146 Nelly Sachs, Fahrt ins Staublose. © Suhrkamp Verlag, Frankfurt am Main 1961, S. 279

S. 148 Max Horkheimer, in: O. Schatz (Hg.), Hat die Religion Zukunft?, Styria Verlag, Graz/Wien/Köln 1971, S. 118